もう一度
大人磨き

綺麗を開く毎日のレッスン76

松本千登世

講談社

「はじめに」に代えて

100人に会いたいと思われるより、100回会いたいと思われる女

　何年前になるでしょうか？　ひと回りもふた回りも下の世代たちとチームを組んでページ創りをしたときの話。20代の女性が、食事中の雑談でこんな話をしてくれました。
「今はね、100回会いたいと思われる女より、100人に会いたいと思われる女が『格上』という意識があるんですよ」
　えっ!?　どういうこと？
「ぱっと目を引くこと、そして、すぐになじめてノリがいいこと。それが、合コンでモテる女の条件なんです。そもそも、私たち世代はみんな、同じ人と100回会うのは、億劫だし、面倒だし、って思って

いるみたいです。100回会ううちに、自分のペースを崩されるかもしれない、思い通りにならないことが増えるかもしれない、醜い自分や怠惰な自分をさらけ出さなきゃいけないかもしれない……。それより、100人に『なんとなくいい感じ』と思われてちやほやされるほうが、断然いいと思ってる。男の人も、同じ感覚らしいですよ」

　正直、驚きました。その一方で、もやもやとした「何か」が晴れるのを感じたのも確か。ずっと心の中にあった違和感の理由がわかった気がしたからです。

　職業柄、日々、美しさの価値や威力を思い知らされる半面、どこかでその定義や目的が微妙に変化しているのも、肌で感じていました。大切な人との関係を慈しみながら、自信を持って自分らしく生きるための美容であるはずが、一瞬を切り取って不特定多数に見られる自分を演出するための美容になっているのじゃないか。だから、目は大きいほうがいい、毛穴は見えないほうがいい、1歳でも若く見えるほ

うがいい……。あれっ、「美肌大会」で優勝するための美容じゃなかったよね?「年齢当てクイズ」で驚かせるための美容じゃなかったはずだよね? こうして自ら美容を息苦しいものにしていないだろうか……?そんな違和感があったのです。

　言うまでもなく、美しさは「多様」なもの。10人いれば10人の、100人いれば100人の美しさがある。今には今の、これからにはこれからの美しさがある。それは、人一倍、美しい人にお目にかかる機会に恵まれる職業だからこその確信に違いありません。

　あえて断言したいのです。これからは、100人に会いたいと思われる、「いい感じ」じゃなくてもいい。昨日より今日、今日より明日と小さな進化や深化を重ねて、100回会いたいと思われる女性を目指して。もう一度、大人磨き。始めてみませんか?

松本千登世

「はじめに」に代えて …… 3

第1章　もう一度、未来の自分にわくわくする

01　「どう見えるか」から「どうあるか」へ …… 12
02　華の正体は「見た目」ではなく「空気」 …… 14
03　年齢を重ねることでしか手に入らない3次元の美しさ …… 16
04　声と匂いが「心地いい」女 …… 19
05　色気を洗練で包むセンス、それが大人のモテの正体 …… 20
06　自分のことにも他人のことにも一喜一憂しない。だからつねに上機嫌 …… 22
07　知らないことを知らないと言える、知っていることも知らないと言える …… 24
08　謙虚だけど卑下しない、自信はあるのにちょっと弱気 …… 25
09　もう一度「口紅」に目覚めると、大人の女は完璧 …… 26
10　ファッションから生き方まで、「足し算」より「引き算」がテーマ …… 28
11　経験が生み出すもの。これからの「進化」論 …… 30
12　色気を養う「ひとり上手」 …… 32
13　「涼しげな女」、それは「大人のいい女」の最上級 …… 34
14　肌がアクセサリーになる、女たち …… 36
15　「裏切り」を楽しめる女 …… 40
16　アティテュードが輝く、女たち …… 44

第2章　大人を輝かせる「色」と「香り」と「装い」と

17　大人にとっての「色」。それは表情を明るくし、背筋をぴんとさせる存在 …… 48
18　「私らしい」から考える大人の「自由」 …… 50
19　ブルーを纏うと…… 52
20　女の生命力を語り出す「赤」 …… 53
21　人としての奥行きが試され、そして暴かれる「黒」 …… 54
22　「ネイビー」の清潔感を生かせますか？ …… 57

23	光と温度を感じるオレンジのインパクト	58
24	包容力とセンスの色、ベージュ	59
25	グレーに甘えない	60
26	大人になるほど香りの上級者	61
27	婚活の色？ 大人の色？	62
28	ワントーンメイクが上手い女	65
29	ピンクを巡らせる女になる	66
30	部屋がいつも、いい匂い	69
31	肌の上で解(ほど)けていく香りのレイヤリング	70
32	毒気で色気を操るべく	72
33	「空気」に合うおしゃれができる	75
34	いつも同じ印象、なのに毎回はっとさせる	76
35	パールが派手に見え、ダイヤモンドが主張しない	77
36	骨ばったデコルテにゴージャスヘアの極意	78
37	「白」が白い、「黒」が黒い	80

第3章　立て直しの「サイン」と「タイミング」を見逃さない

38	後ろめたさのない、後ろ半身を意識する	82
39	「若さ＝美しさ」という呪縛	84
40	「健やかさ」というかけがえのない土台	86
41	美人の定義が変わるとき	89
42	やりすぎ？ やらなすぎ？ 大人の「ほどほど」「いい加減」	90
43	肌と髪が生む、艶とハリの超絶スパイラル	92
44	自分を「調律(チューニング)」する	94

45	「そのマスカラ、どこの?」「その靴、どこの?」と聞かれたら……	96
46	頭皮が緩むと顔は緩み、頭皮がこわばると顔もこわばる	97
47	白目は綺麗?	98
48	年を追うごとに増していく、「姿勢」の力	99
49	人に会いたくなる肌、会いたくなくなる肌	100
50	二の腕を油断させない。大人の女の「生命線」	102
51	プロとの対話が生む一歩先の大人美がある	104
52	大人になるほど目に見える、「本物に触れる贅沢な時間」	107
53	色気は奥行き　エロ気は見た目	108
54	「疲れ」と「くたびれ」の差を知っている	112

第4章　自分を見失うことなく幸せの絶対量を増やす

55	大人のおしゃれと幸福論	114
56	当たり前のことを大切にする贅沢	118
57	男性へのリスペクトを忘れない	120
58	大人を大人らしく育むのは、肌の一部になる静かな「興奮」	121
59	もう一度、自覚しよう。「形なきもの」の価値を	122
60	だから、スキンケアも「頭のいい買い物」が美人を作る	124
61	メイドインジャパンを纏うこと	126
62	声に表れる「人となり」	128
63	毎日洋服を愛することは、自分を愛すること	132
64	口角を上げるクセで無意識の上機嫌!	136
65	顔の下半身は「生き方の清潔感」を語り出す	140
66	経験をすべて想像力に変える	144

第5章　改めて自分の「美容」に革新を

- 67　美容って、贅沢。そう思う人が贅沢な肌を手に入れられる …… 148
- 68　洗顔が肌を作る。下着がスタイルを作るように …… 150
- 69　大人のメイクは惰性にも義務にもしないこと …… 152
- 70　見た目という資産を楽しみながら「運用」していく …… 154
- 71　年齢を重ねた肌が目指すのは …… 158
- 72　全身に幸せを巡らせる！時代が求める美容の正解 …… 162
- 73　丁寧に着実に、継続する。本物の肌には何も勝てない …… 164
- 74　心が手を動かし、手が肌を作る…… 166
- 75　顔より胸より、「デコルテ＝女」という意識 …… 168
- 76　与えるケアと捨てるケア、バランスが大事 …… 170

　　おわりに …… 172

もう一度、
未来の自分に
わくわくする

第1章

「どう見えるか」から「どうあるか」へ

あるパリマダムにインタビューしたときのことです。「ラグジュアリーの定義とは？」との問いかけに、「私には決められないわ。答えは、それぞれの人の心にあるんだもの」。今という時代、ブランドのバッグや高級なジュエリーなど目に見える「モノ」でも、着飾って高級レストランに行く「コト」でもないでしょう？ と彼女は言いました。むしろ、モノやコトの贅沢さを味わい尽くしたからこそ見えてきた「何か」がある、と。「その人がラグジュアリーと感じる時間や空間、その『体験』が真のラグジュアリーなんじゃないかしら？」。

かつてモノやコトがその定義でした。でも、時代が進化し、「便利」や「情報」というメリットを手に入れると同時に、それ以上の「多忙」や「ストレス」というデメリットを背負い込んだ今、私たちはモノやコトでは満

たされないと気づいたのだと思います。その気づきが「どう見えるか」から「どうあるか」に意識や価値観をシフトさせたのです。こうして行き着いたのがまったく新しいラグジュアリー。いいえ、冒頭の女性が言うところの、真のラグジュアリー。

　たとえば、それは、綿密に計画して出かける特別なヴァカンスというより、ふと思い立って車を飛ばし、海辺で過ごす週末。いや、日曜日に電車やバスを乗り継いで、緑の中の美術館やギャラリーへと出かけたり、水曜日に少しだけ早起きをして、散歩がてら公園近くのパン屋を訪れたり……。そんな何気ない日常でいいのだと思います。五感すべてが、穏やかな風、光、空に包まれ、自分自身が自然に溶け込む一瞬一瞬が、このうえなく愛おしくなるような。そう、時間ごと、空間ごと、記憶に刻まれていく体験……。

01 — Story

Story 02 華の正体は

　若いころ、大きく黒目がちな目こそが華、そう信じていました。抜けるような白い肌や、艶やかで豊かなロングヘア、遠目に目立つ八頭身が華、と感じていたこともあります。つまり、華は「生まれつきの才能」。だから、後天的に簡単には変えられないもの……。心のどこかでそう思って、諦めていました。でも、年齢を重ねるにつれ、次第に、そんな表面的なことでは説明がつかないと気づかされたんです。華とは、「見た目」というより「空気」。もっと奥の奥から溢れ出す何か。大人になるほどに育まれる何か……。

「何か」の正体を知りたくて、男女も年齢も問わず、まわりの人たちに「華って？」と問いかけてみました。私自身、過去の過去まで遡って、華のある人を具体的に思い浮かべながら。そして、さまざまな答えから見えてきた共通点。まずひとつは、誰かを前にしたとき、相手にまっすぐにピュアな目を向け、今、あなたと関わりたいという「意志」を感じさせること。次に、関わった人に深く温かいエネルギーを与えるだけの「生命力」がある

こと。加えて、エネルギーを与えた人の心に、じんわりと刻まれるような「気配」を残すこと。意志×生命力×気配。それが、華の正体だと。

　もしそうだとしたなら、華は「美容」でも作れるはず。たとえば、意志を作るのは、地道に重ねるアイケアや計算し尽くされたアイメイク。相手の目をまっすぐに見つめられるだけの自信を仕込むことが、結果、奥から光を放つ瞳につながります。生命力は、何といっても、肌の艶、ハリ、血色に宿る。毎日、よく食べ、よく寝て、よく笑い、よく動く……。そんな健やかで幸せな生き方が透けて見えるような肌色や質感を、毎日のスキンケアでせっせと作ること。そして、ずーっと相手の心に残る気配とは、まさに「いい匂い」なのだと思います。愛する香りと長くつき合って、いつでもどこでも存在ごと静かに香らせ続けることが気配りを作るのです。

　そう、華のある大人は、空気が目に見える「努力」をしている人。丁寧に生きる毎日を重ねている人……。

「見た目」ではなく「空気」

年齢を重ねる
ことでしか
手に入らない
3次元の美しさ

Story
03

フランス男性たちへのあるアンケートで「もっとも美しいと思う女性の年齢は何歳？」と質問したところ、平均はなんと「54歳」だったと聞きました。「『エレガンス』と『包容力』を感じるから」というのがその理由。確かに、どちらも年齢とともに磨かれ、育てられていくものであり、しかも最上級の色気の条件……。裏を返せば、ふたつの要素がそう簡単には手に入らない、この年齢になって初めて身につく証といえるのでしょう。

　女性の美の意識を日仏で比較すると、その「ベクトル」の微妙でいて決定的な違いに気づかされます。日本女性が美しさを造形、すなわち2次元だけでとらえるのに対し、フランス女性は造形よりむしろ、表情や仕草、香り、雰囲気、感触なども含めた奥行き、すなわち3次元でとらえるとか。鏡との距離が近く、寄りの感覚で老化の芽を摘み取ろうとする日本女性に対し、いつでもどこでも「映画のフレーム」に身を置き、引きの目線でバランス美を鍛えるフランス女性。結婚を機に「女」から「妻」や「母」に意識を変える前者、結婚という形にとらわれず、いくつになっても愛に正直でいようとする後者……。知れば知るほど、その差は「上手な年齢の重ね方」に対する価値観の違いに思えてきます。つまり、日本女性が「若さへの努力」だとしたら、フランス女性は「女としての修業」。どちらも決して平坦な道のりではないけれど、いくつになっても若さを追い求めるのと年齢を重ねるこ

とでしか手に入らない美しさを磨くのとは、似ているようでいてじつはまったく逆のベクトル。時間が経つほど、女としてのクオリティに雲泥の差が生まれるのじゃないかと思うのです。

　カトリーヌ・ドヌーヴにジャンヌ・モロー、マルティーヌ・キャロル、アンナ・カリーナ、イザベル・アジャーニ……。フランスを代表する女優はみな、女の「業」と愛の「覚悟」を、背筋がぞくぞくするほどリアルに演じています。まるで彼女たちの人生そのもの？　と錯覚するほどに。ここに、彼女たちが年齢とともにゴージャスになっていく秘密があるのではないでしょうか。私たち日本女性は、その表情や目線や仕草に、会話の「間」に、髪が含む「空気」に、今こそ学ばなくちゃいけない、そう思うのです。ちなみに映画『男と女のいる舗道』でアンナ・カリーナ演じるナナに対し、ヒモのラウールがこう言います。「女は三種類いる。表情が一つの女、二つの女、三つの女」。表情が多い女がいい、そんな年齢の重ね方がいい。年齢の意味や価値を見出せた大人から、美しくなっていくるのだから。

声と匂いが
「心地いい」女

Story
04

　限られた空間の中では、大きすぎる声はまわりに迷惑をかけそうで気まずいし、一方、小さすぎる声は聞きにくくてちょっと苛立ちを感じることがあります。

　匂いも声にどこか似ていて、強すぎると不快、とはいえ、まったくないのは味気ない……。

　声も匂いも、目に見えないだけに、良し悪しの基準が曖昧。だからこそ、その「心地いい」は「また会いたい」に直結するのではないかと思うのです。

　声を発する前に大きすぎない？　小さすぎない？　と問いかける。相手との距離、求められる役割を考えて、匂いをコントロールする。そんな毎日の習慣によって「この人といると心地いい」が形成されていくのではないでしょうか。

色気を洗練で包むセンス、
それが大人のモテの正体

　アラフォー世代の女性たちに触れ合うたびに、思うことがあります。人生の中で、じつはもっとも「女濃度」が高いときなんじゃないか、って。ティーンエイジャーのときからスキンケアを積み重ねているから、肌も髪も艶やかで、3歳？　5歳？　いや人によっては、10歳だって実年齢より若く見えることも。ほんのり柔らかさを纏ったボディラインはむしろ、触れると気持ちよさそうと思わせるし、上質を知りながら、遊び心を忘れない、抜け感やこなれ感が見える着こなしは、どこかフランス女性を思わせる。意地悪な言い方かもしれないけれど、弾ける若さを失うのと反比例するように「女でありたい」という意識がぐんと高まるのも、きっとその一因に違い

ない。だから、色気が溢れ出す。どの世代よりも、女濃度が高いと感じるのです。

　ただ、「色気＝モテ」と、そう単純じゃないところが、大人の面白さだとも思います。確かに、モテに色気は必須。そのうえで、男性たちが大人の女性に求めるのは、色気を洗練でくるりと包んで、女濃度を計算する「年甲斐」ではないでしょうか。ほどよい距離、ほどよい温度、そうして生まれる「吸い付く」けれど「まとわりつかない」絶妙な空気感。それはたとえるなら、男性が洋服選びにつき合ってほしくて、寿司屋に連れていきたくて、でも映画館にはひとりで行っていそう、そんな絶妙なバランス感覚を備えた女性ではないかと思うのです。

　大人のモテが、男性にも女性にも、年上にも年下にも通用するのは、そのため。だからこそ、アラフォー世代のモテは本物で最高、そして未来永劫通用する素質なのです。

自分のことにも
他人のことにも
一喜一憂しない。
だからつねに上機嫌

今日落ち込んでも、明日は立ち直ると信じられること。相手がどんな状況にあっても、フラットにニュートラルに話を聞けること……。「安定感」もまた、積み重ねてきた経験が作るものなのだと思います。

　年上女性と結婚した男性にその決め手を聞いたとき、「いいことがあっても悪いことがあっても、『で？　どうしたの？』と笑ってる。この人といると、余計なことを考えなくていいと思えたから」。

　揺るぎないからこその上機嫌は、「もう一度会いたい」と思わせる決め手。つまり永遠のモテの条件なのです。

年甲斐があるほうがモテるというフランス女性のように、大人の女性に「会話力」は必須だと思います。経験があるから知識や知恵がある、センスやユーモアがある、だから何度も会いたくなる……。

　そのうえで、私たち日本女性らしい「奥ゆかしさ」や「気配り」があれば、最強だと思います。知らないことを知らないと言えるのはもちろん、場合によっては知っていることさえも知らないと言って相手を立てたり、空気を和やかにしたり……。

　目指すは、まわりの人たちと豊かな関係を築ける女性。これが本物の、大人のモテに違いありません。

知らないことを知らないと言える、知っていることも知らないと言える

Story 07

謙虚だけど
卑下しない、
自信はあるのに
ちょっと弱気

「映画館にひとりで行く人は、誰かに幸せにしてもらおうなんて、思っていない気がする」

そう言った男性がいました。幸せの価値観が確立されているのは、自分らしさがわかっているから。だから、謙虚でありながら、「どうせ私なんて」と言わない。自信はあるけれど、「もう、私にはできないから」と誰かに譲ることもできる。そんなバランス感覚に優れた人なのだと言って。

自立し、自律している人ほど、まわりを心地よくさせる人はいない……。そんな大人の女性が最上級だと思います。

もう一度
「口紅」に
目覚めると、
大人の女は完璧

Story
— 09 —

　その日は「赤の唇」がテーマのインタビュー。当時、来る日も来る日も「楽だから」という理由で、塗るのを忘れても気づかないくらいのベージュリップに頼っていた私は、久しぶりの綺麗な赤に緊張して、いつもより時間をかけて口紅を塗り、いつもより力を込めて洋服を着ました。すると……？　あれっ、ピアスを取ったほうがいい？　ベルトも要らないよね。そもそも、肌の作り方が違うかも。結局、私は、メイクをし直し、洋服を選び

直したのです。たかが一本の口紅にこんなにも振り回されるなんて！　でも、同時にこうも思いました。口紅で楽をしちゃいけない。背筋が伸びる口紅に出合わないといけない、と……。

　あれから何年が経つでしょう？　トレンドに乗り、赤に慣れた今、じつは、あれだけ私を甘やかしてくれたはずのベージュの口紅に、逆に女を試されています。ただなんとなく選んで、ただなんとなく塗っただけでは、思い切り地味になって疲れて見える、老けて見える。そうとはいえ、アイメイクやコーディネイトに過剰な派手さを加えると、若作りに見え、ちぐはぐした印象になる。あのとき、赤が鍛えてくれたように、ベージュが私を磨いてくれているのです……。

　赤にしろ、ベージュにしろ、「この一本が似合う人でありたい」と思わせる口紅探しは、一生必要な「修業」なのかもしれません。大人になればなるほど、なおのこと。

　もう一度、メイクを始めたころのように、口紅を大切にしたいと思います。口紅を差す所作そのものや口紅が唇の上で溶ける心地よさを楽しみ、手鏡と全身鏡で加減を調整する時間が女のクオリティを高めてくれると信じて。

ファッションから
生き方まで、

Story
10

「『品格』こそが、大人の美しさ」。尊敬するスタイリストの女性の言葉です。品格とは、ほかの誰の真似でもない、自分自身の価値観を確立することだと、彼女は言いました。揺るぎない自分基準で、無理や無駄をそぎ落とし、大切なものをじっくり愛し続けることなのだ、と。

　思えば、私が憧れている女性たちは、みんなそう。洋服選びも暮らしぶりも、要るもの要らないものが明確だから、自ずとその人らしさが際立ってる。そんなかけがえのない魅力が、品格なのだと思い知ったのです。以来、私は、ことあるごとに彼女の言葉を反芻し、洋服も雑貨も調味料も、ときに人間関係までも、要る？　要らない？

私らしい？　私らしくない？　と、自問自答するようになりました。
　スキンケアも同じではないでしょうか？　あれもこれもと抱え込んだり、あれかこれかと迷ったりすると、肌は揺れ動く。それより、自分が信じたスキンケアを毎日丁寧に積み重ねること。それが、かけがえのない肌を紡ぐ正解に違いありません。
　ファッションから生き方まで、もちろん、肌も。足し算より引き算が気になり始めたら、あなただけの品格の始まり。本物の大人の美しさの始まりなのです。

「足し算」より「引き算」がテーマ

経験が生み出すもの。
これからの「進化」論

Story 11

　シャネルメークアップのクリエイターを務めるルチア ピカさん。「目元に赤」という一大トレンドを常識にしたり、パーフェクトな肌作りのテクニックを詰め込んだパレットを大ヒットさせたりと、伝統を守りながらも、たゆみなき挑戦を重ね、革新的なメイクアップアイテムを次々とクリエイトしている人です。そんな彼女の言葉を直接聞けるチャンスに恵まれ、わくわくして待ちました。すると……？

「インスピレーションって、『経験』から生まれると思うんです」。正直、意外でした。インスピレーションは才能が生む。豊かな感性も奇抜な発想も天才に与えられるものだと思っていたから。ところが、世界的クリエイターは、故郷ナポリの自然の色をアイシャドウに、心奪われたテンペラ画の技法を口紅に、などクリエイションの材料は経験だと断言する。経験を積み重ねたぶんだけインスピレーションの幅や奥行きが広がる、それは特別なことではないと言うのです。

　改めて年齢の価値に気づかされました。年齢を重ねるほどに減るもの、衰えるもの、鈍るものばかりに目を向けがちだけれど、増えたり、伸びたり、冴えたりするものがある。時間にしかできないことがあると、はっとさせられたのです。

Story
12

色気を養う「ひとり上手」

20代のころ、ひとり上手な女性に漠然と憧れていました。仕事が思いのほか早く終わったとき、「お茶でも飲んでいく？」と盛り上がる中、「私は、美術館に寄っていこうかな」と言ってさらりとその場をあとにした、年上の女性。ああ、いつかこんな人になりたい、強くそう思ったもの。

　そういう女性はきっと、こうしてくれない、ああしてくれないと不満を言わないだろう。そもそも「誰か」に「何か」をしてもらおうと思ってない気がする……。それは同性にとっても魅力的で、女の最上級だって。ようやくその理由がわかった気がしています。

　誰とどこに旅に行っても、必ず「解散」する時間を作るという友人も、子育ての合間に、「大学」に通うことを決め、とうとう卒業してしまったという友人も、とても色っぽい。彼女たちに共通しているのは、忙しくても、疲れていても、他人や状況のせいにしないこと。自立して、自律して、だから、つねに生き生きしていて幸せそう。結果、まわりとの関係もスムースなのです。

　ひとりの間、何してた？　何考えてた？　と思わせる。それが大人の色気の正体なのかもしれません。ひとり上手に憧れるのは、そのためなのです。

「涼しげな女」、それは

13 — Story

　最近、大人の美しい女性に出会うとつい、口をついて出る言葉があります。「涼しげですね」。高温多湿な季節はもちろん、そうでなくても、いるだけでまわりをも涼しくする人。際立ってそう見えるのは、誰より「準備」ができていて、誰より「余裕」がある証拠。だから、私たちはその人を美しいと感じるのだと思います。そして、秘密を追求するにつれ、涼しげな人にはさらなる奥深さがあることに気がつきました。そして確信したのです。じつは、「涼しげな女」こそ、大人のいい女の最上級に違いないと。

　改めて「涼しい」という言葉の意味を探ってみると……？「心地よい」「爽やか」「清らか」「清々しい」「凛々しい」「穢(けが)れがない」「潔い」、そして「清涼感」「透明感」「清潔感」「爽快感」……。涼しげとは、そう見えること。心

のあり方や毎日の生き方が、見た目や立ち居振る舞いに表れ、そこから生まれる空気が、まわりの人たちの温度や湿度の感覚をもコントロールして、心地よく感じさせるということ。そう、涼しげな女は一朝一夕には叶わない。だからこそ、大人美の究極と感じるのではないか、そう思ったのです。

あえて提案したいと思います。一朝一夕には叶わないからこそ、まずはまわりを涼しく感じさせる見た目作りから始めませんか？　と。すると、心が涼しくなり、生き方が涼しくなる。見た目から次第にすべてが整っていく……。傍らにいてほしいのは、きっとこんな人。

「大人のいい女」の最上級

Story 14

肌がアクセサリーになる、女たち

ある女性誌のファッションページ撮影でのことです。胸元が深くVに開いたシルクサテンのノースリーブトップスに、サマーウールのメンズライクなワイドパンツ。余計なものを一切排除したような、上下黒のシンプルコーディネイトが、モデルの存在感をさらに際立たせているみたい。「どう撮る？」と男性フォトグラファー。ああでもないこうでもないと、スタッフでさんざん話し合った結果、ソファに寝転ばせて撮影することに。思わずため息が漏れるほど、艶っぽさが溢れ出す。なんて綺麗なんだろう！　これで決まり、そう思っていた矢先、「トップスを替えたパターンも撮ってもらっていいかなあ？」と女性スタイリスト。ソファに寝転んでいる姿とVの開きに、どうも違和感があるから、それが理由でした。

　正直、写真として、とても完成度の高いものだったと今も思います。でも……？　実際、トップスを、同じ黒ながら鎖骨に沿うボートネックに替えたら、確かに印象

ががらりと変わりました。夜のシーンから朝のシーンへ、男性がはっとさせられる女性から、女性もはっとさせられる女性へ、そう言うとわかりやすいでしょうか？　結果、全員一致で、あとで撮り直した一枚に決定したのです。

　壁際にすとんと立って撮影するのであればきっと、深いVネックも美しかったはずです。凛とした立ち姿が、女度をうまくマイナスしてくれるから。でも、ソファに寝転んだ途端、深いVネックが女の濃度をぐんと引き上げ、見え方が「トゥーマッチ」になったのだと思います。ああ、肌見せって、難しい。いつでもどこでも「許される」時代だから、なおのこと、難しい。改めてそう痛感させられました。

　朝なのか夜なのか、会議なのか食事なのか、東京なのかハワイなのかで、肌の見せ方は大きく変わります。厳密に言えば、フレンチなのかお寿司なのかによっても、

微妙に変わるのだと思います。少し間違うだけで、「抜け感」のつもりが「だらしなさ」になったり、「色気」のつもりが「安っぽさ」になったり、逆に「きちんと」のつもりが「堅苦しく」なることだってあるでしょう。清潔感と品と艶を知的に計算して初めて「華」になる。そう、肌をアクセサリーにできる人は、やっぱり極上なのです。

「見せすぎは見苦しい、隠しすぎは息苦しい。どちらも、『華』から遠ざかるのよね」とは、先の女性スタイリストの言葉。見せすぎてもいけない、隠しすぎてもいけない。もう一度考えたい、大人の肌見せ……。

「裏切り」を
楽しめる女

Story
15

　ほどよいダメージ感のあるカットオフデニムに、華奢なアンクルストラップのフラットシューズ。視線を上に移すと、とろんと柔らかく、するんと艶っぽいサテン素材が美しい、黒のノーカラーブラウスの胸元を深めに開け、静かな光を放つ一連のパールネックレスを鎖骨に沿わせるようにさり気なく。うわーっ、なんておしゃれなんだろう！　思わず息を呑みました。まもなく60歳を迎えるという女性。彼女を慕う数人で誕生日をお祝いした

いと申し出たところ、「できるだけカジュアルな感じでお願いできる？」と、はにかみながら受け入れてくれたのです。そうしてわくわくしながら都内のビストロに集まった、まさにその日。こんなコーディネイトで、彼女は現れたのでした。

　席についてもまだ、素敵、素敵と大騒ぎし続ける私たちを鎮めるように、「じつは、ね」と、彼女。「これ、母から譲り受けたパールなのよ。しかも、母は祖母から譲り受けたという……。そう、『おばあちゃんパール』なの！」。一朝一夕には生まれない、深い艶、まろやかな色。もともと高価なパールが、時を重ね、人の思いや温もりを重ねて、さらに価値を増してきた「唯一無二」であることは、見てすぐにわかりました。そして、ああ、なるほど、と合点がいったのです。私たちがはっとさせ

られた秘密は、ここにあった、って。
　冠婚葬祭のきちんと感はもちろん、リトルブラックドレスに華やかさを添え、かっちりとしたスーツに女っぽさを添えて、「育ちのよさ」を語り出すパール。でも、この人はあえて、ダメージデニムという、本来なら対極にあるはずの「やんちゃさ」を加えることで、彼女らしさを演出しているように見えました。ちょっとした「裏切り」が自分を楽しませ、まわりを惹きつけることを知っているのです。
　じつは私、人生の節目節目で、迷ったり悩んだりすると、何でも彼女に「どう思う？」と打ち明けてきました。そのたび彼女は、私が思いもしなかった答えをくれるのです。「そうよね」と共感したり同調したりするという

より、「こんな見方もあるんじゃない？」と、視野が狭まって身動きできなくなっている私をふわりと持ち上げて、新鮮な視点に置き直してくれる、といった印象。その裏切りが、瞬時に心と体を軽くしてくれて、何とも心地いい。だからつい、彼女ならどう感じ、どう考え、どう動くのかを知りたくなる。会うたびに、語らうたびに、抗えない魅力を感じるのです。

　洋服の纏い方は、人生のあり方。彼女のファッションを見て、改めてそう痛感させられました。大人は、裏切りを楽しむ余裕があっていい。裏切りを重ねて初めて自分らしさになっていくのかもしれない、と……。

アティテュードが輝く、女たち

「ファッションってね、『アティテュード』だと思うの」
　尊敬する編集者の女性が、ことあるごとに繰り返し、語っていた言葉です。「服」によって気分が変わること。それが、服の本当の役割であること。それを知っている人が美しいこと……。アティテュードという深い言葉に、シンプルな真実を教えられた気がして、目から鱗が落ちる思いがしたのでした。同時に、こうも思ったのです。服をどう選び、どう着るかは、自分自身の毎日の、そして人生のあり方を語り出すんじゃないか。服をどう選び、どう着るかが、女のクオリティを語り出すんじゃないか。そう考えたら、ファッションに対して、より、気が引き締まる思いがしたのです。

私たちはきっと、無意識のうちに、洋服と「対話」をしているのだと思います。たとえば、私の場合。人生初の「スモーキング」に挑戦したとき、黒のタキシードジャケットにストレートパンツというコーディネイトが「男装」に見えないように、知恵を絞り、工夫をしました。髪を緩やかに巻いてみたり、口紅に透ける赤を足してみたり。胸元のボタンをひとつ余計に開けてみたり、袖をくしゅっとたくし上げてみたり。アクセサリーを足してみたり、ピンヒールを合わせてみたり。クールに、シャープに見えるぶん、できるだけ、行動はしなやかに、言葉は丁寧に。洋服といちいち対話をしながら、自分の中にある女っぽさを見つけ出し、光を当てようとしたのだと思います。

　いや、じつはもっと単純なのでしょう。「レース」を纏うと背筋が伸び、「カシミア」を纏うと表情が和らぐ。「黄色」を纏うと元気になり、「ピンク」を纏うと優しくなる。それは、服が私たちに語りかけ、私たちが服に応

えている証……。洋服との対話がその日の「気分」を創り、「性格」を創り、「その人」を創り、やがて、アティテュードになるのです。

じつは、会うたびどきっとさせられる大好きな女性がいます。彼女はスタイリスト。一緒にロケに出かけると、撮影時は黒のジャージー素材のシンプルなトップスに細身のデニム。ところが、一度解散してディナーに集まると、鮮やかな色のドレスにサンダル、耳元には大きめのイヤリングにオレンジがかった赤の口紅……。ときにプロフェッショナルとしての自分を表現し、ときに女としての自分を演出する。心底、服と自分の関係を楽しんでいるから、その姿を見るたび、刺激を受けるのです。この人に何度も何度も会いたくなるのは、きっと、そのためなのです。

大人を輝かせる
「色」と「香り」と「装い」と

第 2 章

つい最近、初めて「歯のホワイトニング」に挑戦しました。肌がくすみ、口紅が垢抜けない、ずっと抱いていた違和感は歯のせい？　と思い立ち、ホームホワイトニングをお願いしたのです。そのとき、初めて聞きました。
「色の濃い食品は避けてください」
　コーヒーに赤ワイン、カレーにチョコレート。これくらいなら我慢できそう。でも、トマトにホウレンソウ、ぶどうにいちご、味噌に醤油……。大好物ばかりなんだけど。大丈夫かな、耐えられるだろうか？
　こうして、白いもの、色の薄いものばかりの2週間。すると……？　なんだかわくわくしない。なんだか力が入らない。そして、気づきました。色に味があること、

大人にとっての「色」。
それは表情を明るくし、
背筋をぴんとさせる存在

Story
17

　色に栄養があること、もっと言えば、色に幸せがあるってこと。当たり前すぎて意識したことがなかったけれど、味覚的にも視覚的にも、色が持つ無限の力を改めて思い知ったのです。

　食に限らないのだと思います。オレンジ色のワンピースを着ると口角が上がる。プラム色の口紅を塗ると背筋が伸びる。まわりに、「その色、綺麗」と声をかけられて、会話が弾む……。メイクでも洋服でも、色の味や栄養を享受しなくちゃ。

　改めて、色は表情や姿勢を変える力があるのだと確信しました。じつは、大人に効くシンプルな「スイッチ」に違いありません。

「私らしい」から考える

　先日、珍しくファッションについての取材を受けました。「松本さんらしい装いでいらしてください」。発表会だからきちんと、撮影だからカジュアルで、みたいな仕事服の「制約」が取り払われ、残された基準は「自分らしさ」だけ。いわば、究極の「自由」を与えられたのです。ところが、いざ解き放たれると、がんじがらめにされるよりずっと難しいことに気づかされました。私はどう見られたいんだっけ？
　私はどうありたいんだっけ？　考えれば考えるほど、何を着たらいいのかわからなくなり、困り果てたのです。

Story 18

大人の「自由」

　同世代の友人にこの話をしたところ、「同窓会に着ていく服に困るのと同じよね」。年齢相応の品性と、時代の軽やかさのバランスが欲しい。力が入りすぎるのも、力を抜きすぎるのもだめ。何より会わなかった間、充実した時間を過ごしていた自信が見えなくちゃ。自由だからこそ、センスが問われる。生き方のセンスが。なるほど「自由を極める＝自分を極める」と、再認識させられました。

　自由という難しさと、楽しさと。私たちは両方の意味がわかる世代。そのぶん、大人はセンスを磨けるとき、そんな気がするのです。

Story 19

　ブルーには心を落ち着かせ、時間がいつもよりゆっくり流れているよう感じさせる効果があるといいます。空や水をイメージさせるからなのでしょうか。その色はどこまでも広がりを見せ、どこまでも透明。自由に形を変える無限の可能性を感じさせます。同時にいつもそこにあるという揺るぎない安心感……。

　ブルーを纏う女性が、フレキシブルな印象でありながら、その奥にぶれない芯が透け、自らの意志で人生を選び取っている自信が見えるのは、きっとそのため。「確固たる自分」があるからこそ、静かに穏やかにまわりに寄り添い、変化を楽しめる。そのしなやかな姿勢に、私たちは癒されているのです。

　軽やかなのに、揺るぎないという、最上級。時代の息吹を感じさせるこの色をふわりと纏える、今、そんな女性に惹かれます。

ブルーを纏うと……

女の生命力を語り出す「赤」

Story 20

　大人になるほどに、精神的にも体力的にも「タフ」であることが、いい女の条件、そう感じている人は多いのではないでしょうか。タフとは「貫禄」じゃなく、むしろ、それを感じさせない人としての生命のエネルギー。仕事にも恋愛にも自分にも他人にも、ずっと変わらない情熱を持てること……。

　そんな女の生命力を語り出すのは、赤という色なのでしょう。物心ついたときから女としての本能が求める「女の子」の色。逆に、年齢を重ねるごとに誰しも一目置いてしまう色。女にとって、何より特別な色を堂々と味方につける大人は、刺激的で魅惑的に映ります。年齢などまるで気にならなくなるほどに。赤を目にするたびに、生命感あふれるこの色が似合う、心身ともにタフな女になりたいと思うのです。

人としての
奥行きが試され、
そして暴かれる「黒」

　黒は、大人の女の「リトマス試験紙」なのかもしれません。今まで、どれだけ真剣に「ファッション修業」をしてきたか、つまり「本物のエレガンス」を育ててきた女かどうかをまるごと暴く色だから。この色に頼ればこなれて見えるという年齢はとうに過ぎ、むしろ、粗雑な自分を委ねると途端にみすぼらしく見える色であると、私たちは心のどこかで知っています。だから今、黒が映える大人は、素材のクオリティやシルエットやカッティングの美しさを見抜く審美眼がある証。そう、経験を積み重ね、今までの時間を慈しんで奥行きに変える「年甲斐」がある人にしか似合わない色だと思うのです。
「黒」との関係は、「恋愛」に似ているとも感じます。若いころの私は、その色に身を包むだけで大人の色気をまとえる気がして、憧れ、恋に落ち、つき合い始めました。確かに、当時の私にとって、黒には立ち居振る舞い

まで自然と女っぽくする絶大な効果がありました。ところが、次第に緊張感が薄れ、「誰でもおしゃれに見える無難な色」として甘え、「汚れが目立たない色」と軽んじているうちに、いつしかときめきを失い、一緒にいると楽な存在へと形を変えてしまった……。こんなふうにずうずうしくなる女に対して黒は容赦がありません。あれだけ女っぽく見せてくれたはずの色が、逆に野暮に見せたり、だらしなく見せたり。肌や髪の艶のなさ、緩みたるんだ体型、曇った表情や歪んだ姿勢など、怠っていたつけを「老け」として強調します。こうして黒という色に「振られる」のです。

そう、黒は「女を試す色」。高く見せるも安く見せるもその人次第、黒を尊敬し、愛して、極上でいる努力を重ねた女だけが、黒に愛される。そうして初めて、この色は震えるほどの色気を授けてくれると知ったのです。

以前、「黒が似合う女優たち」というアンケート結果を見て、その理由とともに納得させられました。ローレン・バコールの「攻撃」に、アヌーク・エーメの「迫力」、

オードリー・ヘプバーンの「可愛らしさ」、ジャンヌ・モローの「知性」、カトリーヌ・ドヌーヴの「優雅」、女優ではないにもかかわらず名を連ねたキャロリン・ベセット・ケネディの「センス」……。個性は違えども、その誰もがとことん黒に愛された本物の大人の女性たちばかり。その証拠に、彼女たちの人生をひもとくと「恋愛上手」な側面が見えてきます。徹底的に愛し抜く、だからこそ圧倒的に愛されるという生き方……。黒との関係に、やはりそっくりなのです。

　私たちはもう一度、黒との関係を見直すべきなのかもしれません。もっと濃密に、もっと清潔に。極上になる努力を重ね続けなくては！　黒に心底愛されたとき、女は初めて本物になるのだから。

「ネイビー」の清潔感を生かせますか?

Story 22

　ネイビーほど寛大な色はないと信じ続けてきた人も少なくないはず。多くの制服がそうであるように、どんな個性も広く受け入れてくれる色、と。私もそうでした。ところが、じつは黒同様、年齢を重ねるほどに味方につけるのが難しい色であることに気づかされます。軽々しく着ると、この色が持つ「清潔感」とのギャップが悪目立ちし、たちまち「老け感」が覗くからです。

　ネイビーは、毎日毎日自分を浄化し、知識や知恵を積み重ねて、本物の知性をじっくり育んだ「育ちのいい」大人にこそ似合う色。ずっとみずみずしい存在であり続ける心がけをしている人にだけ味方をしてくれる色なのかもしれません。だから、大人はもっと、ネイビーと丁寧に向き合う努力をするべき。袖を通した瞬間、すっと背筋が伸びる気高い存在として。

Story 23

光と温度を感じるオレンジのインパクト

　フランスには、人を惹きつける魅力的な女性を「太陽」にたとえる習慣があるといいます。誰に対しても何に対しても平等に、笑顔を振りまき、好奇心を持ち、愛とエネルギーを注ぐから、男も女も、その人の引力にはどうしたって抗えない。同じ空気の中にいるだけで、こちらまで希望に満ち溢れ、何度も何度も会いたくなる、みたいな……。だから、太陽。そして、太陽の色は、紛れもなくオレンジです。この色をさりげなく纏っている女に、私たちはっとさせられ、同時に光と温もりを感じるのは、そのためなのでしょう。自らが輝きを放つ太陽のような女にこそ映える色なのです。

本物の大人の女を思い浮かべるとき、その人はベージュという色に包まれている……。まろやかで柔らかそう。すべてを受け入れてくれる「包容力」が垣間見えます。大地の色だからなのでしょうか、はたまた肌の色だからなのでしょうか。毎日を誠実に丁寧に重ね、地に足のついた女をイメージさせるのです。

　ただ、ベージュほどその解釈に幅がある色はないのだと思います。赤みよりだったり黄みよりだったり、淡かったり濃かったり。質感がそのまま色になるからなおさら難しい。自分にとっての「ジャスト」を選べるかどうかで、とびきりゴージャスにも思いきり野暮にもなる。その境界線を知っていること……。包容力の色にできるかどうかは、自分次第。意外にも、何よりセンスが必要とされる大人の色に違いありません。

包容力と
センスの色、
ベージュ

グレーに甘えない

Story 25

　ニットもパンツもパーカも、グレーってとても重宝。でも、忘れてはいけないのが、「重宝」にはふたつの意味があること。「使って便利」なことと、「大切にすること」。誰にでも似合う、何にでも合わせられる、など、「便利」と甘えると、途端に野暮になります。大人のグレーは普通に着ない。どんな色より、工夫が必要だと思うのです。

大人になるほど育つもの、それはきっと感性。経験を重ねるほど上手くなるもの、それはきっと香り使い。だから大人の女には、すでにその人の香りを作り上げていてほしいと思います。デスクまわりでも、食事の席でも、そしてお風呂上がりにも、ふとした瞬間にいい匂いがする、そんな大人でいてほしい、と……。

大人になるほど香りの上級者

Story 26

婚活の色？
大人の色？

Story 27

　婚活を制するのは白、そんな説があると聞きました。あるパーティの「潜入取材」をした編集者の友人が、主催者にこう耳打ちされたそうです。
「男性はね、白が映える女性は、それだけで無垢で純粋で誠実、そして極上と思うみたい。だから、参加する女性たちには、できるだけ白を着てきてくださいとアドバイスしているんです。白を着るとモテる、結果、成功率が高いってね」
　へーっ、そうなんですねと、表面的には愛想よく振るまったものの、心の中は、ほんの少し「不快」だった、と彼女。白に頼りさえすれば、清潔感を纏うことができ、女性としてランクが上に見える。そう思った途端に白は濁るのじゃないか。「着るだけでモテるんでしょ？」と

甘えて着る白ほど、安っぽいものはない、そういう女性は綺麗になれるわけがない、と思ったのだそうです。そして最後にひと言、「白という色を馬鹿にしすぎじゃない？」。

　確かに。ただ……。私はむしろ、こんなふうに気軽に手軽に白を着られることをうらやましく思ったのも事実。なぜなら、年齢を重ねるほどに、肌のくすみやたるみ、髪の艶のなさ、体のハリのなさに白がどんどん似合わなくなっていくのを痛感していたし、さらに「汚れるのが嫌」「手入れが難しい」と白を着る緊張感が面倒臭くもなっていたからです。あれこれ理由をつけて白を遠ざけているうちに、とうとう白が着られなくなった、みたいな。疲れて見える色、老けて見える色、こうして白を怖がる私も綺麗になれないに違いない……。

　甘えても怖がってもいけない。白はやっぱり特別な色。その場にいた女性たちは「わかるわかる」と言い合い、大いに盛り上がりました。

女性と白との間には、想像以上に密接な関係があるのだと改めて気づかされました。白は、女を育む色。つねに傍らにいてほしいけれど、同時にリスペクトする気持ちも忘れてはいけない色。そう、私たちは、自分に寄り添ってくれる白を探し、白に寄り添える自分を作り続けなくちゃ。白と自分の良好な関係を構築できる人こそが、極上なのだから……。

　こうして分析してみると、男性たちの「白が映える女性は、極上」は真実なのかもしれない、そう思いました。もう一度、自分と白の関係を見つめ直したいと……。

ワントーンメイクが上手い女

Story 28

　陰影や立体感をゼロから作るように丁寧に重ねたベージュやブラウンは、このうえなくゴージャス。ところが、同じ色でもつけ慣れているから、失敗してもばれないから「楽」、そう思って施したアイメイクは老けと疲れを強調します。同じワントーンでも、意識で印象はまるっきり違って見えるもの。肌の質感や唇の色、髪や洋服とのバランスまで緻密に計算して初めて、ワントーンは女を高く見せる効果を発揮するのだと思います。

ピンクを巡らせる女になる

Story 29

　ピンク、ピンク、ピンク……。春になると特に、いや、季節を問わず、女性たちはやっぱりこの色に夢中です。濃淡の好みの違いはあれど、年齢を問わず、ファッションでも、メイクでも、小物なり、インテリアなり、どこかにピンクという色を取り入れたい、と胸躍らせているように見えます。作り手発信のトレンドなのでしょうか？ 女性のなんとなくの気分なのでしょうか？　いや、そう単純ではないのだと、はっとさせられたできごとがあります。

　ある雑誌のページを創るための打ち合わせでのこと。

スタッフ全員でそれぞれのピンク論を交わしていたときに飛び出した、このひと言……。
「私たち、人として、『ピンク』でありたいと思っている気がするの」
　えっ？　どういうこと？
「『ピンクが似合う人』を超えて、『存在そのものがピンクのオーラを纏ってる人』になりたいと思ってる。つまり『ピンクな人』が女性の最上級と思ってるんじゃないか、って」
　思わず、ひざを打ちました。確かに。そういえば、いつの時代も心惹かれる女性は、空気感も存在感もピンク。触れてみたい、見ていたい、一緒にいたい、また会いたい、そう思わせるのは、たとえるならまさに、ピンクな女性だと気づかされたのです。頑張りすぎない、でもちゃんと手間はかけている、そんな絶妙なバランス感覚がピンクという色に表れているのでしょう。健やか、柔らか、清らか、穏やか、華やか、その証であるこの色に。だから誰もが、ピンクに心惹かれるのではないでしょうか。
　そして、もうひとつ。そのページ創りに関わってくれた女性が、撮影のために集められた洋服や口紅のピンクを見て、ふとこうつぶやいたのを耳にしました。

「ここ最近、ずっと忙しくて、疲れていたんだけど、ピンクのアイテムに囲まれていたら、なんだか、元気になってきたの。ピンクって、不思議な色ですね」

この色を目にしているうちに、「ああ、大変」から「なんだか楽しい」に気持ちのベクトルが180度変わったのだと彼女。一説によると、ピンクは、視覚から女性ホルモンに働きかけるともいわれ、美肌効果や若返り効果まで囁かれています。ピンクという色のパワーは、想像以上に「絶対」。時代を超える真実なのです。

ピンクは女を高める色。その高まりをまわりにまで波及させる色。ただ、「ピンクさえ纏っていれば、幸せそうで愛されるんでしょ!?」と軽んじると、一気に「野暮」になることにも、私たちは気づいています。ピンクは決して安心色や無難色じゃない。女としての自分を鍛え、整え、磨く色、そう覚悟してつき合って初めて「洗練」が手に入る。女が高まるとは、きっとそういうことなのです。

柔らかなピンクを、華やかなピンクを、自分にもまわりにも巡らせてほしいと思います。永遠に変わらない、女の最上級を目指して。

部屋がいつも、いい匂い

Story 30

朝のコーヒーの匂い、夕方の料理の匂い、出かけたあとの香水の匂い、眠る前のキャンドルの匂い……いい匂いのあとにいい匂いが引っきりなしにやってくる。幸せな空気がくるくると巡る日常、そんな部屋で暮らす人はきっと美しいに違いありません。

肌の上で解(ほど)けていく

「肌の上で『解(ほど)ける』って、最高に心地いいの」
 以前、取材でお目にかかったフランス女性の言葉。香りとのつき合い方に話が及んだとき、こう語ってくれました。好きな香りを「ミルフィーユ」のように丁寧にレイヤードする。たとえば、香りで洗い、香りで潤し、香りで仕上げる。たとえば、濃密な香りで肌を染めてから、ふわりと弾ける軽やかな香りを纏う。すると、まるで一枚一枚衣装を脱ぎ去るように、時間とともに香りが解けていく……。その人はかなりの美人でしたが、その話を聞いて、さらに奥行きを感じ、女性のひとりとして強く憧れたのを覚えています。そして、私もさっそく真似をしてみて思い知りました。香りが解けるとともに、本能

が反応し、心まで解けていくこと。ゆとりのある大人の女性は、かくあるべきだのだって……。

冒頭の女性が言うように、自分の本能を「直撃」する香りに出会えたら、シリーズで揃えてみるのがおすすめです。そして、ときにフルで重ねたり、ときにボディケアだけで終えたりと、思い思いのレイヤリングに挑戦してみるのはどうでしょう？ 時間によって体温によってシーンによって、香り方が少しずつ変わっていくのを楽しむうちに、香り方を自在にコントロールできるようになる……。そうなったらしめたもの。きっと、肌そのものが香りに染まり、「あなたの香り」になっているはずだから。

Story 31

香りのレイヤリング

毒気で色気を操るべく

Story 32

　そのとき、私が担当していたのは、パリで暮らすおしゃれな女性の特集。ファッションからインテリアまで、数ページを割いてセンスをまるごと学ぼうという企画でした。コーディネイターから紹介されたのは、ワインボトルのラベルをデザインしているという、33歳の女性で、写真を見る限り、その年齢にはとても見えないキュートさが印象的。わくわくしながら、実際会える日を心待ちにしていました。

　「ボンジュール！」。笑顔で出迎えてくれた彼女は、想像していたよりも声のトーンが低くてずっと長身。大人っぽくエレガントな雰囲気にはっとさせられました。さあ、時間もないし、進めましょう、とコーディネイター

に促され、撮影開始。彼女がデザインしたボトル、手作りの料理とワイン、お気に入りのインテリアに囲まれて寛ぐ彼女をぱしゃっ。それだけで、どれだけ生活を楽しんでいる人かは、十分に伝わってきました。

　その後、彼女の一日を追う撮影に。まずは、ボーダーTシャツにダメージデニム、レザーのライダースジャケットを羽織って、ドライブに行くシーン。次に、グレーともベージュともつかないシンプルな色のAラインワンピースに、直線的なスクエアフレームの眼鏡をかけて、仕事に行くシーン。最後に、リトルブラックドレスに大粒のダイヤモンドピアスをさらりとつけて、ディナーに行くシーン……。衣装を変えるごとに、女っぽさが溢れていく彼女に私たちは釘づけになりましたが、じつは、何より驚かされたのは、最後のシーンで、メンズフレグランスをしゅっと吹きかけたこと。えっ？　メンズ？　しかも、重みを感じさせるレザーノート。意外でした。

「私ね、女性は、ほんの少しだけ『毒気』を感じさせるほうが、色っぽいと思っているんです」

　聞けば、レザーやデニムも、スクエアフレームの眼鏡

も、彼女にとっては「毒気」を演出するツール。レザーノートのメンズフレグランスは、まさにその究極なのだって。
「100％完璧に仕上げるのは、たとえるなら、レシピ通りの料理みたいなもの。ある意味、とても簡単だと思うんですね。ただそれが、自分にとって『美味しい味』とは限らない。むしろ、平均的でつまらないと私は思うんです。自分好みの味に、そして癖になる味にするためには、材料や分量を変えたり、スパイスを足したりと、アレンジしなくちゃ。そう、毒気＝スパイス、なのかな？」
　これがパリジェンヌなのか、これがフランス女性なのかと、正直、圧倒されました。自分らしく服を着る。女っぽく服を着る。そうでないとつまらないし、意味も価値もない。そこに欠かせないのは、毒気……。この人をもっともっと、知りたくなりました。ファッションやインテリアや仕事を超えた先にある、この人の内面を。
　品のよさにくるりと包まれたほんの少しの毒気。レシピ通りでない、ほどよいさじ加減でしか作れない色気。「この人を知りたい」と思わせる、自分らしさと女っぽさ。装いにそれを表現できたら……。

「空気」に合う
おしゃれができる

「もう少しひざ下の肌が見えたら」「もう少し髪にニュアンスがあったら」。その場に身を置いて初めて気づかされる違和感があります。会う人、行く場所、求められる役割……。その空気と自分をなじませるより、微調整ができる人。肌を髪を自在に演出できる人がやっぱり素敵だと思うのです。

Story 33

いつも同じ印象、なのに毎回はっとさせる

Story 34

　なんだかいつもと印象が違う。服？　メイク？　それとも痩せた？「少しだけ、髪の分け目を変えてみたの」。同性でありながら、今日の彼女はどんなだろう？　と会うたび、気になって仕方がない人がいます。多分この人は、自分と年齢と時代を毎日毎日「アジャスト」させているのでしょう。そのちょっとした知恵と工夫と手間が、まわりを引きつける磁力の理由に違いありません。

パールをコンサバにしない。ダイヤモンドをゴージャスにしない。そういう着こなしをしている女性には、どこか「ジェラシー」を感じてしまうのです。そう見せないための工夫の裏には、ファッションの修業を重ねてきた奥行きがあるに違いないから……。

Story
35

パールが派手に見え、
ダイヤモンドが主張しない

Story 36

骨ばったデコルテにゴージャスヘアの極意

　学生のとき、まだ20歳になりたてのころだったでしょうか？　大人に見られたくて、ある日、長く伸ばしていた髪の毛先をくるりと巻いてみました。鏡の中の自分にひとり悦に入りながら、次の日もまたその次の日も。ところが……。ある日、街を歩いているとき、ショーウィンドウに映った自分に驚かされました。ひと言で表すなら、まさに「トゥーマッチ」。必死に「女」を加えようとしている姿が、ひどく見苦しく思えました。顔にも洋服にも合っていない、トータルバランスの中で髪だけ浮いている。恥ずかしさのあまり、穴があったら入りたいと思ったほど。

　以来、封印し続けていた「巻き髪」。40代になって、時代の流れに乗るように、久しぶりに挑戦してみました。

すると……？　若さが失われた私に違和感なくなじんでる。トゥーマッチになるところか、顔色が明るくなって、全体の印象が華やいだように見えました。そういえば、今までより少し深いVネックも、背中を大きく開けた肌見せも。ボリューム感のあるゴールドのバングルも、大きめなサングラスも……。あのころは、トゥーマッチに見えたものが、不思議とちょうどいい。嫌みなくはまると気づかされたのです。

「最近、鏡の前の私の丸いオッパイは、知らぬ間に3センチほど下に位置を変えたが、お陰で外すボタンがふたつ増えて、すこぶるYシャツが綺麗に着こなせるようになった」。これは、桃井かおりさんの著書『賢いオッパイ』の中のフレーズです。「何かを失うと何かが生えてくる」が持論の桃井さんは多くの人にとって憧れの存在ですが、この一文でその理由がわかった気がしました。加齢は、決して悪いことじゃない。むしろ、だからこそ似合う女っぽさがある。躊躇なく「女」を加えていける喜びがあると、教えてくれるのです。

　ただ、同時にこうも思います。女を加えるための髪は、艶と潤いと弾力をたたえていなくてはいけない。見え隠れする肌も同じ。きちんとケアして初めて、加齢が女っぽさに変わる……。そう肝に銘じて、女の足し算を楽しみたいと思います。

「白」が白い、「黒」が黒い

Story 37

　年齢を重ねるほどに、顔がなんとなくぼんやりしてきた……。そう思っている人、多いのではないでしょうか？　じつはこれ、白と黒のコントラストが弱まってきたせい。肌色がくすんできた。白髪が増えてきた。白目や歯が濁ってきた、眉毛やまつ毛が薄くなってきた。ほったらかしにしていると、年齢とともに顔の中の白や黒が曖昧になり、グレーに近づいていく、そして全体の印象がぼやけるのです。だから、顔の中の白と黒をできるだけクリアにする努力をすること。そう、生き生きとした大人とは白が白い人、黒が黒い人……。

立て直しの「サイン」と「タイミング」を見逃さない

第3章

後ろめたさのない、

「体」は「心」の状態をよく知っていて、「見えないから」と慢心すると、顕著に緩み、下がります。そのため、大人が特に注意すべきは「下半身」と信じ込んできたけれど、じつは、「後ろ半身」なのじゃないか、最近になって、そう思い始めました。自分では見えづらい、触りづらい、だから、変化に気づきづらい。さらに怖いことに、他人の目には、よく見えている……。意外と後ろ半身で年齢が判断されていると気づいているはずです。

後ろ半身を意識する

気づいたときが始めどき。食事や運動に気を使うのはもちろん、何より手っ取り早いのは、自分の体に触れることなのだと思います。特に、見えないところほど丁寧に。お気に入りのボディケアに出合って、お風呂上がりに、出かける前に、と毎日毎日。小さな習慣で、余計なものを抱え込まない体に、後ろめたさのない体に近づけたい。体から生まれ変わると、心まで生まれ変わります。これこそが、居心地のいい自分へのスパイラル。

「若さ＝美しさ」という呪縛

Story
39

　まっすぐに切り揃えた重めの前髪と、ハの字状にくっきりと刻まれた法令線が、互いに「喧嘩」して「悪目立ち」させ合ってる⁉　ある日、鏡を見て愕然としました。ちょうど、40歳を迎える直前だったでしょうか？　当時、私は「アンチエイジング」という言葉に抵抗があり、年齢は抗うものじゃないと声高に主張していました。それ

なのに、じつは若く見えることに執着し、前髪に頼っていたんです。年齢を否定していたのは、自分自身だったと、改めて気づかされました。そのときはっきりと心の向きが変わったんです。「若さ＝美しさ」じゃない。本物の大人になろう。若い大人じゃなく、素敵な大人を目指そう、と。

　このシミ、去年はなかったはず。このシワ、昨日はなかったはず。日々発見する肌の変化に女の「賞味期限」を突きつけられる気がして、迷い、焦り、もがくのでしょう。心の底では、経験が生むかけがえのない美しさが存在すると、理解しながらも、時間は敵？　味方？　と行ったり来たり……。だからアラフォー世代は、苦しいのだと思います。
　その年齢を潜り抜けてきたひとりとして、断言したいと思います。時間は味方という意識を持った途端、すべてが軽くなります。美しさのベクトルや物差しを潔くシフトした途端、迷いや焦りが減ります。その背中を押してくれるのは、泣いても笑っても表情の跡を跳ね返すタフな肌ではないでしょうか？　肌に自信が持てれば、思いきり泣き、笑い、人生を楽しめる。肌に自信が持てれば、人生を、年齢を愛し続けることができる。そして、あるとき、ふと気づかされるはずです。肌への自信が、時間を味方にするってこと……。

Story 40

「健やかさ」という かけがえのない土台

　当時、自分のキャパシティを明らかに超える仕事に追われていて、徹夜続きの毎日。肌も体も、もちろん心も、ほとほと疲れ切っていました。鏡を見るたび、5歳も10歳も老けて見える顔に、ため息をつくばかり。こんなに働いているのだから、せめて肌にだけは、贅沢をさせてあげたい。そう思った私は、夜中にマッサージをしたりマスクをしたり。ところが、肌は一向に言うことを聞いてくれません。それどころか、さらに肌が調子を崩して、落ち込んでいくみたい。えっ、どうして……？　こんなに気を使ってるのに。

「胃が疲れているのに、毎日夜中に『焼き肉』を食べているようなものなのよ」

尊敬するスキンケアのオーソリティに、そう指摘されました。
「どんなに美味しいもの、栄養価の高いものを食べても、体が疲れていたら、美味しさも感じられないし、消化もしきれない。無駄になるどころか、かえって体に負担をかけてしまうことにもなるの。肌も同じ。肌が悲鳴を上げていることに気づいてあげないと。肌の気持ちになれば、わかることでしょう？　まずは、ちゃんと休ませてあげることが先決なのよ……」
　贅沢なケアが力を発揮するのは、健やかな肌なのだと、その人は言いました。肌が健やかでないと、美容も上手くいかない、と。

　一方で私は、「疲れてるって、とても失礼なこと」と、指摘されたこともあります。疲れていると、体も脳も思うように動かないから、何に対しても腰が重くなったり、いらいらしたり。誰と話しても、心が向かず、快く反応

できません。すると、近い存在であればあるほど、きっとこの状況をわかってくれるはずと甘えが生まれて、まわりとの関係がちぐはぐしてくる。自分の不機嫌が家族にうつり、友人にうつり、すべてがマイナスのスパイラルに陥る、といった具合に。「失礼」の意味がわかりました。

　やっぱり、自分自身が健やかでないと、人生は上手くいかない。肌はもちろん、体も心も、自分自身との向き合い方を見直すべき。大人が美しくあるためには、土台から立て直さないといけないときがある。そう、健やかさという土台はすべてにつながっている……。改めて気づかされました。

美人の定義が変わるとき

Story 41

「顔立ち」とは顔の形や作り、目鼻立ち。「顔つき」とは気持ちを表す顔の様子、表情。何気なく使う平凡な言葉にこんなにも深い意味の違いがあったなんて。顔立ちが親から授かるものだとしたら、顔つきは自分自身で作るもの。もっと言えば、年齢を重ねるほどに、顔つきが顔立ちに取って代わり、気持ちが顔の形になり、作りになり、目鼻立ちになっていく……。何を感じ、どう生きるかがそのまま顔になるのです。だから大人になると、美人かどうかを決めるのは、顔立ちじゃなくて顔つき……。

「胸の谷間は、ある日シワになるのよ」

　スタイリストの女性が言い放ったひと言に、はっとさせられました。色気の象徴だったはずの胸の谷間が、年齢を重ねると、何らそそられない、それどころか、目障りにもなりかねない……。刻一刻と変わる自分を知らなくちゃ。そのうえで、見せたり隠したり、足したり引いたりしなくちゃ。

　じつは私も、気づいていました。目力を強めて若々しく見せるために重ね塗りしたマスカラが、不自然さを生み、かえって老けて見えたこと。何も塗っていないよう

やりすぎ？　やらなすぎ？
大人の「ほどほど」「いい加減」

Story 42

　なロースキンでトレンドの顔を作ったつもりが、ただくたびれた印象になったこと。大人は、やりすぎても美しくない、やらなすぎても美しくない。美しいのは、その中間にある、自分もまわりも心地いい「ほどほど」。そして、ほどほどを見つけ続けることが、唯一無二の自分らしい「素敵」につながるのだって。

　50代からはきっと、一生続く「ほどほど探しの旅」を始めるときなのだと思います。でもこの旅、始めてみると思いのほか楽しいもの。やりすぎ？　やらなすぎ？　もうひとりの自分と対話をしながら、少しずつ美しさを更新する……。これは、大人にしかない快感に違いないのです。

肌と髪が生む、艶とハリの超絶スパイラル

Story
43

　ずっと思っていました。今にきっと、その「ギャップ」に大人たちは心底焦るだろう、と。そうしてスキンケア同様、いやスキンケア以上にヘアケアに必死になる時代がやってくるに違いない、と。飛躍的に進化する化粧品の恩恵を受け、毎日エイジングケアを重ね、女性の多くが実年齢より圧倒的に若く見える肌を手に入れました。すると、肌の艶やハリがかえって髪の衰えを露呈するという思いもしなかった現実に出くわしたのです。そう、きちんと美容をしてきた人ほど肌と髪のギャップに愕然とするはず。なんとかしなくちゃ。肌に負けないくらい、髪に艶とハリが欲しい……。そんな私たちの高い高い期

待値を上回るべく、最近のヘアケアはドラマティックな進化を遂げていると思います。たった一回であっと驚く艶やハリ、は当たり前。使うほどに髪質が根本から変わり、持って生まれた才能を軽々と超える美しさに出会える。うねりや白髪といった、それまで諦めるしかなかったトラブルさえも忘れさせてしまう見た目効果……。決して大げさじゃなく髪印象の若返りは可能な時代がやってきたと感じています。髪の艶やハリは肌のそれを強調するもの。その逆もしかり。これぞ、艶とハリの超絶スパイラル。印象のためにヘアケア、肌のためにもヘアケア、それが今という時代の正解に違いありません。

自分を

Story
44

　冴えない、引き立たない、生気がない、愛想がない……。改めて「くすむ」の意味を調べてみると、わかります。くすまない女＝会いたい女、会うだけで浄化されたり華やいだりする女なのだ、と。じつは、いわゆる美容用語であるところの「くすみ」は、医学的にも科学的にも、定義づけられていない、観念的なもの。シミのあるなしや水分量だけでは決まらない。そう単純じゃないのです。

　そこで、私たちがくすまないためにすべきこと。まずは、「捨てる」。肌表面から腸内環境まで、不要なものと縁を切り、曇りや濁り、澱みをクリアにすること。次に、「巡らせる」。深く吐いて深く吸う、老廃物を排出して栄養を届けるなど、古いものと新しいものを入れ替える根本的な活動を大切にすること。そして、「潤す」。潤いの

質にも量にもこだわって、きちんと保つこと。さらには、外的なダメージから守ったり、メイクで血色感を香りで空気感を纏ったりするのも効果的です。

　ただ、どんなにケアしても、ちょっとしたことがそれを台無しにすると気づいていると思います。前向きな気持ちが見える姿勢や表情、生き生き感が見える髪やまつ毛の黒、白目や歯の白にも、気を配ること。くすまない女になるための心がけは、自分と向き合う心がけ。気持ちよくいられるように「調律（チューニング）」する作業にほかならないのだから。

「くすむ」は気を抜くと一瞬で。「くすまない」は努力し続けないと叶わない。だから全方位美容をひとつひとつ丁寧に。一生くすまない女を目指すことは、一生老けない女を目指すこと……。

「調律（チューニング）」する

「そのマスカラ、どこの？」
「その靴、どこの？」
と聞かれたら……

「洋服好きは野暮になる、美容好きはブスになる」。ある男性編集者に言われてどきっとさせられたことがあります。「好き」が行きすぎると、視野が狭まり、自分を見失い、バランスが崩れ、美しさや素敵さから遠のくのだ、と。

「そのマスカラ、どこの？」「その靴、どこの？」と褒められないほうがいい。「今日、なんだかいい感じ」と言われるくらいのほうがいい。纏っている「何か」が目立たないよう全体をなじませる客観性が、気配の美しさを生むのだから。

美容通ならずとも、意識が高まっているのが、「頭皮ケア」。健やかな髪を育むためには、健やかな頭皮が必須だから。しかも、大人になるほど、頭皮は顔の一部です。頭皮が緩むと顔は緩み、頭皮がこわばると顔もこわばる。髪の質はもちろん、肌の質も頭皮が決めると言っても過言ではないのです。だから、肌同様、髪同様、頭皮をケアすること。

頭皮が緩むと
顔は緩み、
頭皮がこわばると
顔もこわばる

Story
46

立て直しの「サイン」と「タイミング」を見逃さない

肌の調子はいいいつもり。髪のスタイリングも上手くいったはず。それなのに会う人会う人「今日、疲れてる？」。えっ？　どうして？　原因は白目の濁りかもしれません。子供の目を見るとよくわかりますが、白目がクリアだと黒目が際立ち、目の印象が強くなります。白目がグレーだったり赤みがあったりすると、肌や髪の艶やハリも台無しになるのです。

　肌と髪を整えたら、白目は綺麗？　と確認を。白目ケアもアイケアの一部にして。

白目は綺麗？

Story 47

年を追うごとに増していく、「姿勢」の力

Story 48

猫背の人は、肌がたるんでいるのだそうです。姿勢が悪いと首が前に出る、すると二重あごになる、すると口角が下がり、頬が下がり、目尻が下がる、やがて顔全体が下向きに……。この不都合な連鎖だけではありません。下向きの顔は光を反射しないから、自然とシワや毛穴など影が目立つというのです。

姿勢を正すと、肌が変わる。これも、大人の真実。

人に会いたくなる肌、

　朝、起き抜けの肌を見て、何もする気がなくなることがあります。スキンケアもメイクも投げ出したい。髪はまとめてしまおう。今日は、着慣れた黒のニットでいいや……。夕方、くたびれた肌を見て、一刻も早くこの場を逃げ出して、家に帰りたいと思うことがあります。今日は特別、疲れているだけ。本当の自分はこんなはずじゃないと言い聞かせながら……。そして、決まってこう思うのです。「今日の肌じゃ、人に会えない」。

　年齢を重ねるほどに、こんな朝が、こんな夕方がどんどん増えています。肌がくすむから、人に会えなくなるのか、人に会わなくなるから、肌がくすむのか？　これがまさに、老化へのスパイラルなのだと思います。女は肌で人に会えなくなり、人に会えない肌が女に歳を取らせていく……。そう確信したのです。

　さらに、人に会えない肌には、大きなデメリットがあります。それは、まわりを遠ざけるってこと。逆の立場

になって想像すると、よくわかります。健やかで幸せそうな人に、まわりは吸い寄せられるけれど、そうでない人には、できれば近づきたくありません。なんとなく負の空気が伝染しそうだから……。そう、人に会えない肌には、まわりも会いたくない。これも老化へのスパイラルを生む要因に違いないのです。

まずは、「人に会える肌」にしなくちゃ。人に心配されない肌、傍らにいたいと思わせる肌。心身の健やかさが見える、明るさに溢れた肌。毎日毎日、誰かに会いたくなる肌を目指す、それこそが、究極のエイジングケア。

会いたくなくなる肌

Story 49

二の腕を油断させない。大人の女の「生命線」

　新製品発表会に美容のプロたちが集ったときのこと。春を迎えたばかりだったからか、話題は「二の腕」に集中。化粧品から美容医療まで「どうしたら細くできるか」のハイレベルな情報交換がなされていたそうです。その盛り上がりは半端じゃなかったらしい。そして閉会後、若手男性スタッフが静かにつぶやいたといいます。「どうしてそんなに細くなりたいんですか？　男の立場からすれば、二の腕なんてまったく気になりませんけど」。

　彼の言い分に、大賛成。なぜなら、私はずっと二の腕は「胸」の一部だと思っていたから。ついでに言うと太ももは「お尻」。ボンッキュッボンッのカーヴィボディこそが女の極上、だとしたら二の腕と太ももは「ボンッ」

であるべき部分じゃないか？　むしろ、キープしなくちゃいけない「色気の肉」、絶対に。
　……と、男性たちに主張したところ、多くが頷いてくれました。「だけど、ね」とひとり。
「ハリのある太さはときどきさせるけど、ハリのない太さはおふくろを思い出させる。ハリだよね、大事なのはハリ」
　要は、確かに二の腕は胸と同じで「女の象徴」、だからこそ、皮膚が緩むと途端に10も20も老けていきなりセクシーの対極に形を変える。やせなくてもいいけれど、それは緩ませないという前提があってこそ。それが二の腕の真実だというのです。
　まろやかに吸いついて肌の一部になる上質なノースリーブから、パンッとハリのある二の腕が伸びる。そんな大人の女がいい。二の腕の肌に油断をさせない大人の女がいい……。

プロとの対話が生む
一歩先の大人美がある

Story
51

　今、「買う」という行為から「対話」が消えていると聞きます。ショップに行っても、試着をしないで、ただ見るだけ。試着をしても試着室から出てこないで、自己完結。挙句の果てに、そこでは当たりをつけるだけ、実際には買わないで、同じもの、似たものをネットでもっと安くゲット……。最後まで、スタッフと言葉を交わさないですませる、そんな人が増えているというのです。

　へーっ、時代は変わったんだね。ある女性スタイリストを囲み、私たちは大いに盛り上がりました。すると、彼女がひと言。

　「一見、おしゃれに見える人は圧倒的に増えたけれど、本当におしゃれな人は少ないんじゃないかな？　対話がないってことは、他人の目、プロの目を生かせないって

こと。それでは自らおしゃれに『限界』を作っているようなものだと思うの」

　洋服を着ることは、そう単純じゃないのだと彼女は言いました。同じアイテム選びでも、Sを選ぶかMを選ぶかで印象体重をコントロールできたり、着丈の微差で印象身長をコントロールできたり。袖をぎゅっとたくし上げたり、裾をくるっとロールアップしたりすることで抜け感やこなれ感が生まれることもある。その人のバランスを美しく見せるか否かは、何を選び、何を着るか以上に、どう選ぶか、どう着るかが重要。その答えを導き出すには、対話が、いちばん。対話こそが美しさの進化の源なのに、と言って……。

　確かに。撮影の現場でも、スタイリストはモデルに洋服を徹底的に「アジャスト」します。ウエストの後ろをつまんでみたり、ボタンを開け閉めしてみたり、合わせる靴を変えてみたり……。そうすることで、とびきり格

好いい着こなしが生まれるのです。お店のスタッフは、まさに私たちにとってのスタイリスト。対話を楽しむと、選び方や着方が変わって、新しい輝きが放たれる。おしゃれが更新されていくと思うのです。

　化粧品も同じこと。洋服以上に自分に近い存在なのに、聞こえてくるのは「雑誌に掲載されていたから」「友人にいいと聞いたから」という声ばかり。どう選ぶか、どう使うかにはじつはあまり頓着しない人が多いのではないでしょうか。肌に「行き詰まり」を感じているなら、もっとプロと対話をするべき。すると、きっと見えてくると思います。今まで知らなかった肌の真実が、そしてこれからの肌運命が。その先にこそ、新しい美しさが待っているはずなのです。

大人になるほど
目に見える、
「本物に触れる
贅沢な時間」

Story 52

「大切なのは、本物に触れること。そうじゃないと、偽物が見抜けなくなるから」

尊敬するフォトグラファーがつぶやいた何気ないひと言に、はっとさせられたことがあります。アートも音楽も、料理もフレグランスも、そう。五感で本物に触れるか否かで、感性には雲泥の差が生まれるのだ、と彼は言いました。肌はまさにその典型だと思います。バスローブやシーツなど、毎日、肌に触れるものが本物かどうか。本物に触れるという心地よさを積み重ねているかどうか。日々の小さな贅沢が、肌の感性を分けると思うのです。

特に、化粧品は感性を育むものだと思います。テクスチャーも香りも極上だと、朝も夜も、すぐに、ずっと使いたいと思う。本物に触れる心地よさがくせになるのです。そして、贅沢を重ねた肌は、丁寧に触れられる喜びを知り、明るくしなやかになっていく……。そう、大人になるほど、本物に触れる時間が肌の差となって、目に見えるのです。

色気は奥行き
エロ気は見た目

Story
53

　今で言うところの、坂上忍さん？　有吉弘行さん？　はたまた小藪千豊さんなのでしょうか？　いつの時代にもあえて毒に包んで真理を説く「世直し役」がいるもので、四半世紀近くが経つ今も「その人」が放った、ある言葉を思い出します。
「胸の大きな女より、腹の凹んだ女のほうが断然、魅力があるよね。胸は持って生まれたものだけど、腹は努力だから。信用できるんだよ、『谷間』より『くびれ』のほうが、さ」
　当時、私はまだ、ただ一方向のみに向かう「美の基準」

しか持ち合わせていなかった20代半ば。そんな自分に、この言葉はずっしりと重くのしかかりました。ああ、いい女は、意志が作るんだ。いい女って、内面が見た目に表れている人なんだ……。きっとそういう意味での、谷間よりくびれ。だから、くびれこそがいい女の条件。肝心なその人は、すっかり頭から消えてしまったのだけれど、「名言」だけが心の中で独り歩きし、年齢を重ねるほどに深みを増していきました。

ところが……！　最近になって、ずっと信じてきたこの価値観がぐらりと揺らぐ出来事がありました。ある夏の日、遠目にもそうとわかるほど「ナイスボディ」の女性と道ですれ違ったときのこと。ウエストが丸見えのショート丈トップにローライズのデニムショートパンツというまるで水着のような装いに、同性ながら目を奪われました。気づかれないように観察すると、贅肉のない、綺麗なくびれ。きっと筋トレもボディケアも怠っていないのでしょう。そう思いながら、ふと顔に視線を移すと……。あれっ？　どう贔屓目に見ても、その格好とは不

似合いの、大人すぎる大人。強い意志で作り上げていたのかもしれないけれど、これ見よがしのくびれは見苦しく見えたのです。ああ、大人にとってくびれってなんだろう？　その「正解」ってなんなんだろう？　この些細な出来事をきっかけに、深く考え込みました。

　年齢とともに訪れる体型の変化は、誰にも平等に起こりえます。それを最小限に抑えるために、食事を見直したり、運動を心がけたり……。そんな日々の小さな努力を継続して積み重ねた結果の大人のくびれは、整った生活や丁寧な生き方を感じさせるからこそ、美しいのだと思います。ただ、それが「目的」になり、「自慢」になり、「売り」になった途端、安っぽくなって不潔感が漂う。大人は、くびれに分別や節度が表れるということ？　だから私たちはきっと、ほったらかしにしない、でも必死になりすぎない、そんなバランスのいいくびれを目指す

べきなのでしょう。わかりやすく言えば、洋服を纏ったとき、奥にくびれを想像させる、そんな絶妙な引き締め感。それがもっと先を知りたいと思わせる「奥行き」になるのじゃないか、そう思うのです。

そういえば、と思い出しました。ある男性のフォトグラファーが撮影中に何気なくつぶやいた言葉。
「『色気』と『エロ気』の違い、わかる?」
色気は奥行き、エロ気は見た目。色気はもっと知りたいと思わせる複雑な魅力、エロ気は頭の中身まで透けて見える単純な視覚の刺激なのだ、と。単なる洒落を超えた意味を知って、深く納得したもの。くびれは色気とエロ気の差を見抜く決め手なのかもしれません。もう一度考え直したい、大人の女のくびれについて……。

「疲れ」と「くたびれ」の差を知っている

Story 54

　疲れは心や体から自分に向けての悲鳴。くたびれは自分の面倒を見きれなかった証。もしそう定義するなら、やっぱり女はくたびれちゃいけないのだと思います。たとえ水面下で足をばたばたさせていても、できるだけ余裕を持つよう心がけること。ゆっくりスキンケアする、大好きなものを食べにいく、週末、自然に触れる……。大事なのは、疲れがくたびれになる前に、自分をほぐす術を身につけること。

自分を見失うことなく
幸せの絶対量を増やす

第4章

大人のおしゃれと幸福論

Story 55

「『おしゃれな人』と『おしゃれに見られたい人』には、大きな差があると思うの」

ある女性にそう言われ、どきっとさせられたことがあります。当時私は、肌感や体型の変化から、いや、もっと漠然とした違和感から、それまでよりもずっとファッションに迷っていて、来る日も来る日も「着るものがない」が口癖になっていた時期。似合っていたはずのものが似合わない、わくわくしていたものにわくわくしない。白が清潔に見えないし、黒が艶っぽく見えない。何を着ても垢抜けない、装いに満たされない……。自分自身の

中にあった「公式」みたいなものがことごとく通用しなくなって、途方に暮れていました。このまま一生、着るものが見つからないんじゃないかな？　大げさに聞こえるかもしれないけれど、それほどまでに焦りを感じていました。まさにそんなときに出会った、この言葉。すべてが腑に落ちました。ああ、私は「おしゃれな人」じゃなくて、「おしゃれに見られたい人」だったんだ。だから、着る服がなくなったんだ。こんなにも苦しかったのは、そのためだって……。

　トレンドの服を身に着けていることが、すなわち、おしゃれ。毎回違う服を身に着けている人が、すなわち、おしゃれな人。おしゃれな人に見られたいという潜在的な意識がいつの間にかそんな間違った定義を作り上げて、自分自身をがんじがらめにしていたのだと思います。「変わった洋服だね、どこの？」や「珍しいバッグだね、どこの？」を勝手に褒め言葉だと解釈していたことに、はたと気づかされたのです。もし、私自身が輝きを放っていたなら、こんなふうには聞かれなかったはず。今にな

って、よくわかります。真におしゃれな人は、洋服やバッグだけが目立ったりしない。纏う一枚によって、表情がぱっと華やぎ、姿勢がすっと美しく見える。洋服の向こうに丁寧な生き方までも透けて見える。極端に言えば、身に着けている洋服を忘れさせるほどに、その人に目がいく。おしゃれ＝その人らしさが際立つこと……。そう確信したときから、迷いが嘘のように消え去りました。欲しい洋服、着たい洋服がクリアになったのです。

　羽織るだけでバランスが整う、仕立てのいいジャケット。ボディラインにつかず離れず、心地よく寄り添うニット。華奢な体と凛とした表情を際立てるトレンチコート……。シンプルでオーソドックス、クラシカルでラグジュリアス。その一枚とともに動く「私」は、きっと胸を躍らせているでしょう。その一枚とともに生きる「私」は、きっと心穏やかに違いない。そう思える、自分にと

っての「定番」を手に入れたいと思うようになりました。装いに満たされるってこういうこと。そんな感覚がようやく肌でわかった今、私はファッションにまた、一からときめいています。

　ふと思いました。「おしゃれな人」と「おしゃれに見られたい人」の差は、「幸せな人」と「幸せに見られたい人」の差と等しいんじゃないか、と。

　おしゃれでいたい。幸せでいたい。だから、姿勢から美しくする服に出会いたいと思います。ひとりひとりの輝きはきっと、そこから生まれると思うから。

当たり前のことを
大切にする贅沢

Story
9

　睡眠って、もったいない。若いころ、本気でそう考えていたことがあります。夜中まで起きていても、翌朝の肌はいつも通りに動いてくれたから、それがいかに重要なものであるかを意識できなかったのだと思います。

　ところが、30を過ぎたある朝。どんよりとくすみ、全体がぐっと下がった感じ。案の定、誰に会っても「疲れてる？」と言われる始末。それまでの自分が愚かだったと、反省しました。睡眠をもっと大切にしなくちゃ。そんな当たり前のことを、肌が教えてくれたのです。

　そして、最近になって、睡眠に関する取材が増え、知識を重ねるにしたがって見えてきた真実があります。眠っている時間のクオリティは、起きている時間のクオリティ。睡眠は人生のクオリティそのものなのだってこと……。

それ以来、意識を変えました。ベッドマットに勇気を出してお金をかけたし、枕にもとことんこだわりました。ベッドリネンは、包まれたときに心地いいものをと、上質な素材に。きちんとバスタブに浸かって体温を上げることで、自然な眠りを誘う努力をするようにもなりました。眠る3時間前までには食事をすませて、内臓にもちゃんと睡眠を。眠りのリズムを考えて起こしてくれる目覚まし時計まで、手に入れたりして……。すると、朝ごはんが美味しく感じるし、日中の集中力も違ってきた気がします。だからでしょうか、眠るのがより楽しくなり、起きるのが少しだけ楽しくなって。知らず知らずのうちに、「一日の疲れを取る睡眠」から、「翌日のエネルギーを養う睡眠」へと、その質が変わっていきました。するともっと「欲」が出てきて……できるだけ「シンデレラタイム」には肌を眠らせてあげよう。肌に触れるリネンは柔らかい天然素材を選んで、清潔に保とう。睡眠時間をすべて美容時間に変えてしまう上質なスキンケアを選んで、厳選された美容成分をじっくり肌に届けよう……。こうして良循環が生まれたのです。

　睡眠をないがしろにしてきた過去が教えてくれた、当たり前のことを大切にするという贅沢、私たち大人には必要なのだと思います。

男性へのリスペクトを忘れない

Story 57

　女性にないものがある、できないことができる。そう思える人はきっと男性に大切にされる。だから女性から先に、男性をリスペクト。リスペクトが巡り始めます。

Story 58

　シルクのキャミソールを纏ったとき、肌にするっと溶け込んで自分自身の一部になるような、あの感覚。カシミアのニットを羽織ったとき、肌にふわっと寄り添って心がとことん解かされるような、あの感覚。あの静かな「興奮」が大人には絶対的に必要なのだと思います。バッグやコートなど他人に見える「ゴージャス」よりも、自分に触れる「リッチ」。所有する「もの」より、ともに過ごす「時間」……それが贅沢必需品、そう思うのです。その経験が肌を、表情を、姿勢を変えていくはずだから。

大人を大人らしく育むのは、肌の一部になる静かな「興奮」

自分を見失うことなく幸せの絶対量を増やす

もう一度、自覚しよう。

まだ客室乗務員だったころの話。年のころは3歳、やんちゃ盛りの男の子が、飛行機の中で走り回るわ、騒ぎ立てるわ、まるで自分の家にいるかのようにやりたい放題。母親もほとほと手を焼いているようで、好きにしてくれとばかりに見て見ぬふり。どうしよう、静かにさせないとまわりに迷惑がかかるし、私が怒られちゃう。母親がなんとかしてくれないと困るんだけど、な。思いを巡らしていたまさにそのとき。50代くらいだろうか、外国人のスマートな紳士が私を呼びました。そして静かに言ったのです。

「僕たち客は本来、目的地まで安全に届けてもらうのが目的。でも、同時に、その間、自分がいる空間を心地よいものにしてもらう権利もあるはず。客室乗務員として、考えを聞かせてほしい」

つまり、彼が言いたかったのは、こういうこと。航空券を購入したら、すなわち、空間をも購入したに等しい。それなのに、子供の我が物顔のふるまいは、ここにいるすべての人の快適、もっと言えば時間そのものを奪って

るんじゃないか。だから、空間の提供者である私たちは、それを誰にとっても平等に快適にしなくてはならないのだ、と……。はっとしました。私自身、その状況をなんとかしなきゃと焦っていたのは確か。でもそれは、マニュアル通りにフライトしなきゃという、自分の「都合」からくるものでした。そんな自分を恥ずかしく思うとともに、「心地よさ」という形なきものに価値があり、それに対して私たちはお金を払っているという大人の感覚を、初めて知ったのです。

　ふと、化粧品も同じじゃないだろうか、そう思いました。化粧品に決して安くないお金を払い、代わりに私たちは目に見える効果という対価を求めています。もちろん、それは当然。でも、同時に心地よさをもっと享受するべきじゃないでしょうか。化粧品を使う時間を、自分をいたわる心地いいものにすること、そしてそんな贅沢な時間を積み重ねるのが、化粧品の大きな意味であること。そう、化粧品って、じつは形なきものだってこと……。

「形なきもの」の価値を

だから、スキンケアも「頭のいい買い物」が美人を作る

「SNSで話題になっているから」「テレビで紹介されていたから」「ベストセラーだと聞いたから」……。もちろん、化粧品と出会うきっかけは何でもいいのです。ただ、そういう理由だけで化粧品を「買う」のは、そろそろやめにしたほうがいいのじゃないかとも思います。若いとき以上に、年齢でもライフスタイルでも、決してひとくくりにできないほど複雑な大人の肌。その質も悩みも、老化の仕方も見え方も、100人いたら100通りです。

　だから、まずは、自分の感覚で肌の現実をとらえ、分

析すること。そして、どんな肌になりたいのか目標を定めること。しぼんでシワになりやすい肌なのか、緩んでたるみになりやすい肌なのか。より老化のサインが気になるのは、目元なのか口元なのか。シャープな顔になりたいのか、柔らかい顔になりたいのか、など大雑把で構わないと思います。すると、どんなスキンケアに頼るべきかはもちろん、メイクアップで解決できることも、生活習慣の見直しでしか改善できないこともわかってくるはずです。なりたい肌、なりたい顔を定めて、賢く買い物。そのほうが、大人は断然綺麗になれるのではないでしょうか。

Story 09

メイドインジャパンを
纏うこと

Story 61

　まだ、編集部に在籍していたころ。あるメゾンの取材で、パリを訪れたことがあります。取材に対応してくれたのは、PRの女性。メゾン誕生以来、脈々と受け継がれる哲学について彼女の話を聞けば聞くほど、その奥深さに引き込まれました。時代を超える美しさは、「伝統」と「革新」が縦糸と横糸のように織り込まれ、紡がれているのだと、心震えたもの。今、私たちが纏う「一枚」は、単なる洋服じゃない。決して大げさじゃなく、人が、女性が、息を吹き込む「アート」なのかもしれない……。そう思うと、全身に鳥肌が立つような興奮に包まれ、同時に背筋がすっと伸びる思いがしました。

　そして、彼女が、最後にひと言。「あなたたちは、幸せ者よね。幼いころから日本のクラフトマンシップに触れて育ったのだから」。私たち日本チームに向けて、「尊敬の念を込めて」との言葉を添えながら、そう言ったのです。聞けば、そのメゾンは、日本の職人技が生み出す

素材やパーツを数多く採用しているのだとか。具体的にどこの何と名を挙げながら、それらがどれだけ優れていて、自分たちのクリエイションを支えているかを丁寧に説明してくれました。こんなにも素晴らしいものを生み出す文化を育んできた国の私たちは、かけがえのない才能と感性の持ち主であり、美しいものや質の高いものの目利きに違いないと、称えてくれたのです。

　それに対して、私たちは……？「誇らしさ」よりもむしろ、「後ろめたさ」を覚えていました。ああ、知らなかった。目を向けることすら、していなかった。我が国の素晴らしさを、皮肉にもずっと憧れていたフランスの女性に教えられるなんて！　私たちはもっと、メイドインジャパンを肌で感じなくちゃいけないんじゃないか。メイドインジャパンを纏ってその魅力を発信する使命があるんじゃないか。持って生まれた才能と感性を、もっと誇りに思っていい……。フォトグラファーとふたり、大きな「宿題」をもらったような気持ちになって、帰路につきました。

　あれから何年が経つでしょうか。年齢を重ねるほどに、メイドインジャパンの本物感に心惹かれていく自分がいます。幼いころから本物に触れて育った美や質の目利きとして、誇りを持って、選び、纏いたいと思います。丁寧に作られたものを丁寧に、誠実に作られたものを誠実に。

声に表れる「人となり」

　故・ダイアナ元妃のあの「衝撃」を、私はFMラジオの速報で知りました。取材で出会い、ひと目で大ファンになった、ある美人パーソナリティの番組でのこと。耳にするだけで全身が浄化されるような、日曜日にふさわしいクリーンでみずみずしい声、その軽妙な語りに背中を押され、「これからどこに出かけよう？」とわくわくしていた、まさにそのときでした。突然、別人かと思うほどのトーンとリズムに、実際、言葉を理解するコンマ数秒前にはすでに、これは只事じゃないと悟ることができました。そして、心臓がびくんと大きく跳ねたのと同時に、脳裏をかすめたこと。それは「声って、すごい」。

声には、言葉を超えて「何か」を伝えるとてつもない力があると思い知ったのです。

後日、彼女にお目にかかったとき、本意ではないかもしれないけれど、と前置きをしながら、その日感じたことを伝えてみました。すると……？

「じつは、ね。あのとき、プロとしてというより、人として、どう伝えるべきなのかを、すごく問われた気がしたんです」

今まで積み重ねてきた経験と、それによって培われた感性と。両方を声だけで試される気がしたのだと彼女は言いました。熟考した末、できうる限りの哀悼の意を込めたあのトーン、あのリズム……。声に、私たちの想像を遥かに超える思いが詰まっていたことに、改めて気づかされました。そうか、この人が美しいのは、そのためだったんだ。彼女の声を創っているのは、人としての奥行きと幅広さ。声が心にすーっと溶け込んで、全身が浄化されるように感じていたのは、彼女が人の弱みや痛みを知っているからこそ。そして確信しました。声が美しい

Story
62

人は、本当に美しい人なのだって。

　声には、性格から機嫌まで「人となり」が表れるとは、よく言われること。しかもそれは、年齢を重ねるほどにより顕著になるのだと、私たちは知っています。以前、ある脳科学者に「いつも笑っている人の顔は『笑い顔』に、いつも怒っている人の顔は『怒り顔』になる。顔は表情を記憶するから」と聞いたことがあるけれど、声もきっと、同じなのでしょう。持って生まれたものでありながら、毎日毎日、意志や感情を乗せて発せられるもの。だからこそ、その人の毎日がありのままに刻まれていくのだと思います。包容力も好奇心も、品格も知性も、謙虚さも凛々しさも、そして健やかさも幸せも、いちいち声に記憶されていくのだとしたら……？　穏やかな時間を積み重ねている人の声は、どんどん穏やかになり、深い

時間を積み重ねている人の声は、どんどん深くなる。そう、声は顔同様、自分自身で「創る」ものだったのです。

　ちなみに、「その人が腕を組んでふんぞり返っていることも、椅子の下で脚をぶらぶらさせていることも、声を聞けばわかる。声は嘘をつかないんです」とは、ラジオ番組のプロデューサーの言葉。また、日本を代表する帝国ホテルのオペレーターたちは、声でしか私たちに触れないのにもかかわらず、電話横に鏡を置いて、口角は上がっているか、目元は優しく穏やかか、と確かめながら、心からの笑顔で接客しているといいます。声はきっと、私たちの本質。ごまかせない、隠せない。一朝一夕には、どうにもならない……。いま一度、考えたいと思います。私は心を込めて声を発しているだろうか。美しい声を創っているだろうか、と。

毎日洋服を愛することは、
自分を愛すること

Story
—
63

最近、仕事に出かける前にも、食事に出かける前にも、全身鏡を見ながら、自分にいちいち問いかけていることがあります。
「今日は、近所のスーパーに行く格好じゃないよね？」
　じつは、この新しい習慣が始まったのは、仕事仲間のある女性との会話がきっかけでした。
「今って、どこに行くのも誰に会うのも、デニムやスニーカーが許される時代でしょう？　ふと気づいたら、毎日、まるで近所のスーパーに行くような格好になっていた気がするの。自分のことは棚に上げて言わせてもらうなら、失礼ながら『あっ、この人も』『あっ、この人も』って……。どう思う？」
　そのとき私は、デニムのワイドパンツに、厚底のスリッポン。しかもほぼ、ノーメイクにノーアクセ。ああ、いるいる！　スーパーに、こういう人。まさに私のことじゃない？　穴があったら入りたい思いでした。
　今日は荷物が多いから、今日はたくさん歩くから、と毎日自分に言い訳して洋服選びや靴選びをしていたように思います。いや、厳密に言うと、そうじゃないのかもしれない。ほどよく力の抜けたエフォートレスが理想、といわれ始めてからは、むしろそのほうが「今っぽい」

「おしゃれ」とばかりに、意図的にそうしてはいなかっただろうか？　そんな毎日を繰り返すうち、「近所のスーパー」スタイルが当たり前になっていたことに気づかないで。

　以前、取材でお目にかかったファッション編集者の女性の話を思い出しました。

「思えば、私たちが雑誌を通してずっと日本の女性たちに提案し続けてきたのは、『カジュアル上手になりましょう』ということだった気がするんですね。日本人女性は丁寧で真面目、だからこそ、きちんと着るのは得意な半面、着崩すのが苦手。そんな私たちが、いかに、欧米の女性たちのような『抜け感』や『こなれ感』を手に入れるか。その結果が、今のファッションにつながったんだと思います。ただ、反省もあるんです。『力を抜く＝手を抜く』と勘違いされてしまったかもしれないな、って」

　抜け感、こなれ感が美しいのは、その裏に緻密な計算があるから。緻密な計算とは、TPOと洋服と自分とを丁寧に重ね合わせて、きめ細かに吟味する作業。洋服と自分に対して、ひと手間とひと工夫を加えること……。

改めてそう思い直したのです。

　じつは、「今日は、近所のスーパーに行く格好じゃないよね？」の自問自答を始めてまもなく、気づかされたことがあります。あれっ、私、今までよりわくわくしてない？　洋服選びも靴選びも楽しくなったんじゃない？

　と……。すると、不思議なもので、近所のスーパーに行くときでさえ、わくわくしたいと思うようになりました。近所のスーパーだから、この洋服を着よう、この靴を履こう、といった具合に。そう、心のあり方が、まるごと変わったのです。たかが洋服、されど洋服。洋服にわくわくすると、女性の毎日が幸せになる。これが洋服の持つ力……。

　もう一度、洋服を愛したいと思います。この一枚を着たら、どんな気持ちになるだろう？　この靴を合わせたら？　このバッグを合わせたら？　ジュエリーは？　口紅は？　と、毎日毎日。洋服を愛することはすなわち、自分を愛することにほかならないのだから。

口角を上げるクセで
無意識の上機嫌!

　休日だったその日、「私」は早めの夕食作りに追われていた。あれを煮込んでいる間に、これを炒めて。あっ、そうだ、お皿やお箸も並べておかなくちゃ。頭の中で料理の段取りをしながら、まな板に向かっている、まさにそのときだった。カウンター越しにふと、夫がひと言。
「ねえ、どうしてそんな不機嫌そうな顔、してるの?」
　えっ!?　怒ってもいないし、いらついてもいない、もちろん退屈でもない。むしろ、上機嫌だったんだけど。思わず言い返してはみたものの、よくよく考えると合点がいった。無意識の顔は、口角が下がり、法令線も深く刻まれていたのだろう。下を向いていたから、なおさら。それがいかにも不機嫌そうに見えたってこと。ああ、歳を取るって、怖い。そう痛感させられた。
　と、じつはこれ、ある女性に聞いた話。まったくもう、

と言いながら明るく話す彼女につられ、私たちは大いに盛り上がりました。そして、まわりにこの話を伝えたところ、私も私もと、出てくる、出てくる……。
「私は下り、向こうは上り、長いエスカレーターですれ違っていたらしくて、『すごく疲れてるみたいだったから、あえて見ないふりをした』と友人に言われたの。ああ、声をかけてくれればよかったのに、って」「会社でパソコンに向かっていたときに後ろから声をかけられ、振り返ったら、はっと息を呑んで『忙しそうですね、やっぱりあとにします』と部下に言われて。ただメールを打っていただけで、全然、忙しくなかったんだけど、ね」「遅刻しそうと、焦って乗り込んだエレベーター、大きな鏡に映った自分を見て『あれっ、どこのおばあさん？』。ショック！」「同窓会で知らない間に撮られていた写真を見

Story 64

て、びっくり。私、本当に不機嫌そうなの!」などなど。大人の女の多くが経験していました。当然ながら、共通していたのは、その「瞬間」、決して不機嫌ではなかったってこと。自分ではそんなつもりなど、まるでなかったってこと……。

　年齢を重ねるほどに顔も体も、おそらくそれが引き金となって、心までも下向きになる。上向きに支えていたはずの筋肉が衰え、ゆるみ、しぼみ、たるみ、下がる。すると、表情も姿勢も、結果、雰囲気も、マイナスの感情を語り始めます。これが「無意識の不機嫌顔」。

　今、改めて肝に銘じたいと思います。化粧品なしではいられない、美容医療も頼りになるだろう、でも、何より大切なのは、無意識を意識することだ、と。「若さ」に代わるのは「意志」。若さを失ったら、いつでもどこでも、四六時中、上向きでありたいという意志を意識し、きちんと神経の回路に乗せて、表情や姿勢に反映させなくちゃ。決して難しいことじゃない。つねに口角を上げているだけ、たったそれだけでいい。上向きの意志を積

み重ねるうちに、顔はやがて上向きを記憶します。こうなったらしめたもの。きっと「無意識の上機嫌顔」ができ上がっているはずだから。

　ちなみに私は、冒頭のエピソードを聞いて以来、つねに口角を上げるよう意識しています。電車の中で座っていても、スーパーで精算をしていても、いつもいつも。すると……？　たまたま取材したエステの施術の最中、エステティシャンから「頰の力を抜いてください」。肌を委ねながらも、無意識のうちに口角を上げていたのです。思わず苦笑、でも同時に、意志が確実に効いているのを実感しました。この調子この調子、そう自分を鼓舞する毎日です。

顔の下半身は
「生き方の清潔感」
を語り出す

Story 65

　一時期、来る日も来る日も週刊誌に見出しが躍り、ワイドショーを賑わせたひとりの女性。女同士が集まるたび、私たちは、ここぞとばかりにその人の話題を口にしました。公人としての資質が問われるだの、ちゃんと仕事に徹してほしいだのと御託を並べて「オブラート」に包みながら、誰からともなく出てくる本音。「ところで、あのアイメイク、どうなの？」。女性は女性を厳しい目で観察しているものだと、改めて思い知りました。メイクは社会性の表れと、身を以て知っているからこそ、そこから生き方のセンスを見抜くということ？　ああ、私だけじゃなかったんだ、気になっていたのは。そして……。

「でもね、もっと気になるのは、じつは顔の『下半身』なのよね」。勝手な妄想ながら、少しもたついたフェイスラインがだらしなさそうに見え、への字に下がった口角は、嘘をついているようにも見えるのだ、と。鋭い指摘に、一同「わかる、わかる！」。結局、真相は闇の中なのだけれど。

　年齢を重ねるほどに、自分の顔の変化を観察しては、確信していました。「目のシワが」とか「頬のシミが」と言ううちは、まだまだ大人の子ども。どうにもごまかせない老化は、じつは、口元やあご回り、フェイスラインなど、顔の下半身にやってくる。誰にも平等にかかる重力が、生きてきた時間の長さ、すなわち年齢を顕著に刻むからでしょう。でも……？　それ以上に深刻なのは、長さのみならず、生きてきた時間の質、幸せまでもが刻まれてしまうということ。思えば、食事をするのも、会話をするのも、笑うことも顔の下半身。だから、きちんと食べているか、ゆっくり噛んでいるか、丁寧に話して

いるか、心から笑っているか……。より無意識に近い、日常の小さな「癖」がすべて積み重なる。内臓と直結しているから、「生活」が表れ、「体の健康」が表れる。脳と直結しているから「思考」が表れ、「心の健康」が表れる、みたいな。つまり、女として健やかに生きてきたのか、穏やかに生きてきたのかが、露わになってしまうと思うのです。年齢を重ねれば、なおのこと。そう、顔の下半身は、その人の「品格」と「理性」といった「生き方の清潔感」を自ずと語り出してしまう、つまりそういうこと。ああ、怖い。

　ちなみに、フランス在住の女性に、こんな話を聞いたことがあります。彼女たちにとって、目元のちょっとしたシワやたるみは、むしろ、豊かな時間を積み重ねて初めて生まれる包容力や幸福感の表れだから、色気になる。でも、口元のシワやたるみはまったく逆で、100年の恋も冷めるほど色気を遠ざけてしまうもの。「だから、フランス女性は口元のシワやたるみを許さないのよ」。一

方で、ある男性フォトグラファーの「男はね、照れくさいから女性の目元をあまり見られない。そのぶん、意外と口元を見てるもんなんだよ」という言葉も忘れられません。女性たちは、目力、目力と必死になりがちだけれど、男性はそれをじつはあまり見ていない。唇、歯、そして声までも……。「なんだかいい感じ」も「生理的に受けつけない」も、口元を見て感じ取っていたってこと。

　実際、だらだら食べたり、きちんと嚙まなかったりしていると、口元全体に緩みを生み、二重あごになると聞くし、悪口や愚痴などネガティブな言葉が口角を下げ、たるみを生み、法令線が深く刻まれるとも聞きます。今の顔と向き合って、「これまで」を知ること。そして「これから」の顔は、自ら作り直すこと。毎日を清潔に生きる、そんなちょっとした心がけを重ねて、もう一度。

経験をすべて想像力に変える

Story 66

「おふくろが倒れたらしい」。めったに連絡のない兄からの電話。今は落ち着いていると聞き、胸をなでおろしたものの、いても立ってもいられない。出張中の兄に代わり、急遽帰省することにしました。実際会うと、症状は思いのほか安定していて、頬にほんの少し赤みも差しているよう。先生の説明では、10日足らずで退院も可能とのこと。ああ、よかった。よかった、本当に。

じつは、空港から病院へ向かう道すがら、私は、地元の親友にメールをしていました。「母が入院したとのこと、今、戻りました」。着陸したのは、ちょうど冬を迎えようとする季節の夕刻。次第に太陽が沈み、光が失せ、黒に染まっていく空に、言いようのない不安でいっぱいになったのだと思います。母の顔を見た途端、余計な心配かけるんじゃなかったと、彼女に知らせたことを後悔し

たのだけれど、ときすでに遅し。案の定、すぐに行くと連絡をくれた彼女に、大事にはいたらなかったと告げ、明日連絡すると電話を切りました。翌日。母は想像以上に順調みたい。母も大丈夫と言っているし、一度、帰京しよう。退院のことは改めて考えればいい。そう彼女に話すと……?「了解。退院は私に任せて。仕事は抜け出せるから大丈夫。こんなときくらい、甘えてよ。お母さんのメールアドレスを教えてくれれば、あとは直接やり取りするから」。それから毎日、病院を訪れ、その都度母の様子を報告してくれた彼女。退院の日には、約束通り、母を迎えに行き、家まで送り届けてくれたといいます。

　いくら感謝してもしきれない、そう思っていた矢先、母から涙声で電話。「じつはね、お料理をいただいたの」。ひとり暮らしの母が、退院後数日は食事に困らないようにと、彼女は、柔らかく煮込んだ野菜をはじめ、たくさんの料理を容器に詰め込んで手渡してくれたというのです。自分の家族の食事を少し多めに作っただけだから、どうか気にしないで、と笑って。何と素晴らしい女性なのだろう。どこまで優しいのだろう。感動すると同時に思いました。私だったら、他人のために、そこまでできただろうかって……。

　まわりの同世代たちは最近、決まって「役に立ちたい」と口にします。仕事や、結婚、子供の有無を問わず、どんなライフスタイルを送っている女性も、家族を含めた

「自分」のためにがむしゃらに突っ走ってきた人生が一段落すると、今度は他人のために、いや、もっと格好をつければ、世の中のために何かできることはないかと探し始めるのだ、と。うち、ひとりの女性がその理由をこう分析していたのを思い出しました。「大人って経験を積み重ねて、そのたび『ケーススタディ』してるでしょう？ つまり、年齢のぶん、想像力が鍛えられてると思うの。だから、どうしたら人が喜ぶか、どうしたら人が気持ちよくいられるか、わかるようになる。想像力が役に立ちたいと思う気持ちを生むんじゃないかな？」。そうじゃなきゃ、年齢を重ねる意味がないとその人は言いました。年齢＝経験、経験量＝想像力。ぼんやりと年齢を重ねてちゃいけない。もう一度姿勢を正さなきゃ、そう思ったのです。

　後日、親友にありがとうと連絡したところ、こんな言葉が返ってきました。「私の母が入院したときに、退院したあとの食事が大変だったと聞いてたから、少しでも役に立てればと思っただけ」。この人もまた、経験をすべて想像力に変える人。私もそんな女性を目指したいと思います。それこそが、大人の深みを創るものと信じて……。

改めて自分の「美容」に革新を

第5章

美容って、贅沢。
そう思う人が
贅沢な肌を
手に入れられる

Story
67

「夫が、ゆっくりしてくれば？　って」。友人がそう言って、一緒にと私をホテルの１泊ステイに誘ってくれました。当時、家事に子育てに追われてヘアサロンにも行けない、友だちにも会えないと嘆く彼女へご主人からの贈り物。粋な計らいに便乗することにして、私は、ホテルで過ごす時間を肌を磨く機会にしてもらおうと、彼女に化粧品をプレゼント。涙が出るほど嬉しいと彼女は言いました。「肌にゆったりとした気持ちで触れたの、何年ぶりだろう？」。子どもは何をしているだろう、夫に申し訳ないよね、こんなに贅沢していいのかな。気にしながら、穏やかな光の中で丁寧にスキンケアする彼女が、私には誰より眩しく見えました。

　本来、美容とは、自分に優しく触れるという、このうえなく贅沢な行為なんだと改めて思い知りました。だからこそ、かけがえのない自分の肌に届ける化粧品には、とことんこだわりたい、とも。どこまでも贅沢に凝縮されたスキンケアが、それを知る大人にふさわしいのだと思います。美容を贅沢にできる人だけが、贅沢な肌を手に入れられるのだから……。

洗顔が肌を作る。
下着が
スタイルを作るように

　私の肌が180度変わったのは、取材で出会った美容の大家のひと言がきっかけでした。「あなたはデニムを洗うように肌を洗っているのよ。本当はシルクなのに」。生まれつき汚いと思い込んでいた肌は、洗顔の間違いが創りあげたもの、そう指摘されたのです。アドバイス通り、ミルククレンジング後、化粧水を含ませたコットンで拭き取るという、洗わない洗顔に切り替えたら、一日で手触りが、一週間で見た目が、一カ月で肌質が変わりました。みるみる進化する肌に確信したのです。「洗顔が肌を変える」は真実だって。

　以来、私は洗顔を人一倍大切にしているつもりです。肌が疲れていると感じた日には拭き取りだけにしたり、

肌体力があると感じた日には泡ですっきりと洗い上げたり。その日の肌や心の調子によって、たくさんのバリエーションを使い分けています。さらに、拭き取りだけにした日には、与えるケアも穏やかなものにして、ベースメイクは最小限に。泡洗顔した日には、しっかりアンチエイジングケアをして、パーフェクトな肌作りと、「見せたい自分」までコントロールしています。ふと思いました。洗顔って、下着みたい。リラックスしたい日、凛として見せたい日、纏いたい洋服によってもそれを変えるように、洗顔で肌を操ってるって……。

　洗顔にこだわれば、大人の肌も思いのほかうまくいくもの。肌と心と対話をしながら、洗顔を楽しむ、すると、美容がもっと楽しくなるはずです。

Story 68

大人のメイクは惰性にも

　ある女性誌の企画で「『同窓会顔』はこうして作る！」を担当し、メイクアップ アーティストの佐々木貞江さんにたくさんのヒントをもらいました。中でも化粧直し要らずの清潔色という理由で、「同窓会リップ」として提案された「ハーフマットのピンクベージュ」は、目から鱗が落ちる思いが。職業柄、トレンドコンシャスであらねばと、赤やボルドーといった「濃密色」に挑戦し続けていた最近の私にはとても新鮮でした。確かに違う。口紅だけでこんなにも印象が変わるなんて！　しかも、この一本で、唇以外が気になってきて……。アイラインを少し足そうかな。チークは抑えよう。肌は艶が足りな

Story 69

義務にもしないこと

いかも？　唇の表情が変わったぶん、ほかもランクアップさせたくなったのです。以前、取材したインテリアスタイリストの女性の言葉を思い出しました。「部屋の一角をとことん綺麗にすると、それが家全体に『伝染』するんです」。メイクも、同じなのかもしれません。

　大人になるほど自分の顔に慣れ、メイクが惰性や義務になりがち。一箇所でいい、いつもより丁寧に。そのわくわく感が顔全体に広がり、表情や姿勢に表れるから。再び、自分の顔を楽しむには、そんな心持ちがいちばん効果的だと思います。

見た目という
資産を
楽しみながら
「運用」していく

Story 70

「見た目は、第4の資産である」。アルビオンの新製品発表会で行われた森下竜一教授の講義で初めてこの言葉を耳にし、はっとさせられました。社会学的にいわれてきたのは、人間のQOLに関わる3つの資産。お金や土地、財産など第1の「エコノミック・キャピタル（経済資産）」。教養、学歴、スキルなど第2の「カルチャー・キャピタル（個人資産）」。人脈など第3の「ソーシャル・キャピタル（社会資産）」。それらに次ぐ、第4の「エロティック・キャピタル（見た目）」。ここでいう見た目とは、肌や顔立ち、体形などその人自身が生まれ持っているものはもちろん、ファッションやヘアスタイルなどの自己演出、立ち居振る舞い、もっと言えば、セクシーさまで含めた印象。つまり、男女問わず美しさや魅力など、見た目を磨くことが、その人の資産を形成するという考え方です。

長い間、また大人になるほとに、「見た目より中身」が暗黙の了解でした。心がけとしても「人は見た目で判断しない」がよしとされてきたはず。ところが、私たちの意識が先か、いや、それでも美容や医療の進化が先なのでしょうか。それらが互いに響き合い、導き合い、高め合うことで、ふたつが融合して、ふと気がつくと、価値観そのものがまったく逆に変化していました。その結果としての「人は見た目」。そう、堂々と自分の資産を運用する時代がやってきたのです。特に、女性はメイクを楽しめる分、「高利回り」が可能という……。

だから、「似合う」だけでは物足りない。「真似をする」だけではつまらない。知らない自分を発掘するように、そして、いくつもの自分自身を演じ、それを楽しむように、自らの意志で美しさや魅力を構築し、倍増させていく……。そんな時代がやってきたのです。

　たとえば、眉。トレンドのままに同じ形を求めたり、自分だけの正解を探したりといったこれまでのあり方から、太さや長さ、アーチかストレートかなど、なりたい自分に合わせて演出するという一歩先のあり方へ。アイブロウライナーとアイブロウマスカラの色をあえて外して、奥行きやニュアンスを出す、なんて掟破りだってあり。たとえば、まつ毛も、ロング？　ボリューム？　カール？　といった単純な分類はもはや、過去のこと。「生まれつきパーフェクトな素まつ毛」から「人形のように作り込んだ美まつ毛」ま

で、自由自在だから、メイクのバランスで決めるもよし、ファッションやシーンで使い分けるもよし。肌も、演出の幅は格段に広がっています。自分の肌に溶け込む１色を探せるのは言わずもがな、季節や気分によってわざとトーンをアップさせたりダウンさせたり、なんて見せ方もできるし、シルク？　カシミア？　サテン？　オーガンジー？と、まるで服を着替えるように、肌を着替えることだって可能。また、あらゆる色や質感が揃う口紅でイメージを演じ分けたり、あえて、自分の唇を透けさせて、ほかの誰とも違う「唯一無二」を楽しんだりすることもできます。

　私たちもメイクも、確実にネクストステージへと進化しています。これからは、見た目という資産をいかに育て、運用できるかが勝負。今、女としてのセンスが試される時代なのです。

年齢を
重ねた肌が
目指すのは

　美容コンシャスならずとも、「アンチエイジング検査」という言葉を耳にしたことがあると思います。若さを保つために、自分の老化の兆候や症状、その危険因子をいち早く知り、老化の芽を摘み取るための検査。それは、年齢に抗うのが当たり前になり、アンチエイジング美容や医療が進化を遂げるにつれて、「もっと若く」「肌も体も」を貪欲に求め始めた大人のためのもの、のはずでした。ところが、今、じつは、美意識の高いミレニアル世代にじわじわと広がりを見せているといいます。背景にある

のは、「『若さ』を減らしたくない」という今までになかった、まったく新しい意識。「見た目は資産」、すなわち「若さは資産」だから、若さを貯蓄しておく、若さを無駄遣いしない、という……。

特に20代後半から30代前半の女性たちは、未来に対して「何があるかわからない」と漠然と不安を抱えていて、「選択肢はできるだけたくさん持っておきたい」と備えや蓄えへの関心が非常に高いという調査もあります。1990年前後生まれの人生を例に挙げると、生まれてすぐに、バブル経済が崩壊。小学生になるころには阪神・淡路大震災に地下鉄サリン事件、中学生になるころには、9・11同時多発テロ、20歳を前後にリーマン・ショックが起こり、就職後には、東日本大震災……。人生の節目節目で起こった出来事が、無意識のうちに影響を及ぼしているのです。良くも悪くも、昨日より今日が、今日より明日が、今よりこれからが上向くことを確信できない。人生に対する姿勢同様、美に対しても、そう。未来のエイジングには、少しでも早く備えておきたいし、少しでも多く蓄えておきたい。そう思うのも至極当然のことな

のです。

　さらに、SNSが当たり前の環境もそのムードを助長しています。いつでもどこでも不特定多数の今がわかるから、自分のアクションも今すぐ、相手のリアクションも今すぐ。今を後悔するのが、何より嫌なのです。

　つまり、最高の今を積み重ねることが未来を創るという揺るぎない価値観。それが、女性たちが「今」を止めたい何よりの理由に違いありません。

　名だたるブランドから、もっとも若い今を記憶させ、これからの年齢を記憶させない肌を目指して「転ばぬ先の杖」的に寄り添う進化型化粧品が続々と誕生しているのは、そんな女性たちの気持ちや生き方を的確にとらえているからこそ。若さという資産を目減りさせないために一分一秒でも早く始める。そして、最大の効果と至福の心地よさを兼ね備えたケアを重ねることで、結果的に美しい未来の肌が創られていく……。

　一方で、年齢を重ねた肌に無限の可能性を予感させるブランドもあります。たとえば、「まわりにも自分にも

ポジティブな影響を与える美しさ」という、まったく新しい化粧品のコンセプトを打ち出したポーラ化粧品。誰かを幸せにしたり元気にしたりする肌って？　を徹底的に研究し尽くし、最先端のサイエンスで答えを出しました。それは決して失った若さを取り戻すケアでなく、新しい美しさを一から構築し、倍増させるケア。これもまた、今を止め、美しい未来を創るための革新です。

　美容の進化は、留まるところを知りません。ずっと自分らしくあるために。ずっと女を楽しむために。真に、年齢を超える時代がやってきたのではないでしょうか。

「焼きたてのパンに、極上のバターを乗せたときの、あの感覚が思い浮かんだの。バターがじゅわーっと溶けて、美味しそうな匂いがふわーっと広がる。ああ、なんて幸せなんだろう！ バームって、『幸せ』になれる化粧品よね」

　最近まで「バームって、何？」と言っていた、むしろ美容に疎い友人、それゆえの素直な言葉に、妙に納得させられました。まさに。ここ最近の「バーム流行り」の

全身に幸せを巡らせる！
時代が求める美容の正解

72 — Story

　理由がクリアに見えた気がしました。私たちが夢中になっていたのは、その「幸せ度の高さ」だったんだと、改めて確信したのです。手に取った瞬間、のばしている間、荒れた肌も疲れた心もすぐさま鎮まるよう。使い終わった直後は、吸いつくようなしなやかさに感動し、使い続けるほどに、ぬめっとした艶やかさとなめらかさに感動する。テクスチャーが解け、香りが解け、結果、肌や心が解ける……。この連鎖こそが、バームがもたらす幸せの正体に違いないのです。

　ちなみにここだけの話、私は、肌のみならず唇やボディのバームケアをしたあと、手に残ったものを髪の毛先になじませています。見た目の艶もなめらかでしなやかな手触りも毛先が動いたときの香りもと、心地よさがリンクして表情までも解けるのを感じるから。ウェルビーイングな女性が理想とされる今、美容はバームから始めるのが正解。

丁寧に着実に、
継続する。
本物の肌には
何も勝てない

Story
73

「のびやかな肌」と「神経質な肌」があると聞いたことがあります。まだ、この仕事を始めたばかりのころです。神経質な肌とは、ちょっとした刺激で揺れ動く不安定な肌のこと。そして、こうも言われました。「神経質な肌は、歳を取りやすいのよ」。はっとさせられました。当時の私の肌がまさに、そうだったから。揺れ動く肌は「揺れ」を証拠として刻みやすいのだと、その人は言いました。神経質な肌は、すなわち虚弱な肌。そんな肌では、表情のくせがすぐシワになり、太陽に晒しただけシミになる、落ち込んだ分くすみになり、怒った分口角が下がる……。そのとき確信しました。のびやかな肌に勝る美しさはない。ここで言うのびやかな肌とは、素材力がある

肌。そして、肌の素材力は体の素材力であり、心の素材力。大人になるほど「素材力のある女」こそが、何よりの褒め言葉なのだって。

　あれから何年が経つでしょう？　のびやかな肌に触れるたび、その持ち主に秘密を尋ねると、決まって同じ答えが返ってきます。「何もしていないんです」。いや、そんなことはないはずと、よくよく聞いてみると、学びたい共通点が見えてきます。それは、決して「一発逆転」を狙っていないってこと。つまり、自力で、愛を持って、毎日肌の面倒を見ていること……。毎朝毎晩のベーシックケアをひたすら丁寧に、着実に、継続しているのです。美肌に定評のある、ある女優は「普段は時間が取れないから、移動中だけは、コットンでローションパックをしています」と言いました。子育てで忙しいあるモデルは「子供が起きる前の唯一の自分の時間、たった5分だけれど、肌にゆっくり触れているんです」と。彼女たちの心のあり方がこの肌を作っているのだと思います。大切なことが見えているから軸がぶれない、だから肌が迷わない、揺らがない……。

　肌の素材力がある人は、だから魅力的なのだと思います。エレガントな仕草が、地に足のついた生活が、何があっても大丈夫という包容力が見えるから。

　もう一度、自分の素材力を見つめ直してみたい。大人の顔を、肌を一から作り直すつもりで。

心が手を動かし、手が肌を作る……

　ある美容のプロにインタビューしたときのこと。
「肌を見れば、その人の手の動きがわかるんです。乱暴に扱う人は肌が赤く薄くなっているし、雑に洗う人は額や顎は全然洗えていない。いい加減にクリームを塗る人は右側にはたくさんついているのに左側にはほとんどついていない、という具合に……。丁寧にスキンケアしているかどうか、つまり手の動きがエレガントかどうかを、今の肌が顕著に物語っているんです」
「目に見える臓器」といわれる肌に、唯一、自由に触れられるのが手だと、その人は言いました。肌が温かいか冷たいか、硬いか柔らかいか、ざらついているかなめらかか、ぱさついているかしっとりしているか……。触れ

ているつもりかもしれないけれど、じつは肝心なことを見逃している。手という肌のすべてを感じ取る『センサー』が鈍くなっているのだ、と。鈍感だから、スピードが速くなったり、力が強くなったり。その手の動きに比例して肌も鈍感になり、素材力も落ちていく、そして……。

「昔から『手当て』や『手入れ』と言われるように、手には癒しという情も込めることができる。癒したいと思えば、愛が手に伝わって自ずとまるくなり優しくなるはずです」

　心が手に動かし、手が肌を作る、それが真実。まずは、愛ある手の動きに変えてみましょう。肌は見違えるほど上向くはずだから。

Story 74

顔より胸より、
「デコルテ＝女」
という意識

Story 75

　パリジェンヌはデコルテを操っている……。そんな話を耳にしたことがあります。パリを拠点に活躍する、ある男性ヘアスタイリストと撮影でご一緒したときのこと。
「ニッポン女とフランス女では、Vネックの着方がまったく違うんだよね。寄せて上げて着るニッポン女、下げて落として着るフランス女って具合に」
　えっ？　どういうこと？　よくよく聞いてみると、女を美しく見せる「胸の位置」が違うといいます。胸の谷間を強調して若さや色気をアピールする前者、わざとノーブラにしてデコルテのゴージャスさを演出する後者……。つまり、女性を主張するのは直接的な胸ではなく、奥行きを感じさせるデコルテ、それがフランス女の価値観なのだ、と。

思えば、着物だった日本人はもともと「隠す文化」。すべてを隠しに隠したうえで、ふとした拍子に覗くうなじや足首に色気が宿るとされたもの。ところがそのDNAのまま、胸を露わにしても誰も驚かなくなった現代へと突入してしまったから、見せ方もさじ加減もわからない……？　一方、ドレスの文化を持つヨーロッパの女性たちは、デコルテが女ならではのパーツだとよく知っています。だから、大人になればなるほど、顔同様に、いや顔以上に、意識をし、手をかけ、生涯大切に育て上げます。こうして、デコルテの存在意味や存在価値にも、圧倒的な差が生じる……。きっと、そういうこと。

　アンチエイジングに誰より努力を重ねてきた日本女性は、顔があまりに若くなりすぎたためでしょうか？　ようやく首やデコルテをおろそかにしすぎたと、気づきつつあるように思います。そのギャップが老けを強調する、とも思うのです。

　大人が磨くべきは、デコルテなのかもしれません。下がった胸の位置を嘆くのでなく、より存在感を増すデコルテに手をかける、それも大人の知恵ではないか、と。

年齢を重ねるほどに、さらに捨てられなくなっている自分に気づかされます。同時に、小さな苛立ちが全身を巡り、雪だるま式に大きなストレスになっていたことにも……。この独特の不快感、もしかしたらわかってくれる人がいるかもしれません。必要なときに必要なものが見つからないから、すぐに終わるはずの作業に、2倍も3倍も時間がかかる。当然、クオリティは低くなるし、次第に考えること自体に嫌気がさして、やる気が失せてくる。すると、ものにも空間にも自分自身にさえ、「愛情」が持てなくなってくる……。頭や心が埃をかぶって、すべての感度が鈍くなってきたみたい。ああ、このままじゃいけない。今に、見た目にばれちゃう。

Story 76

与えるケアと捨てるケア、バランスが大事

いやもう、きっと肌はこんな私の「生き方」を語っているのだと思います。くすみ、どんより感、法令線の目立ち、下向きの表情。最近、なんだか、一気に老け感が増したのは、きっとそのせいに違いない……。

　不要なものを瞬時に見極めて、潔く縁を切る毎日が、心のあり方が、生き方の健やかさを創っているのだと自覚しています。じつは、肌も同じなのだと聞きました。不要になった古いコラーゲンを排出する機能が衰え、どんどん溜め込んでいく。すると、新しいコラーゲンが生まれにくくなって、エイジングがどんどん加速する。そう、年齢とともに、次第に捨て下手になるというのです。私たちは、老化サインに出会うたび、与えるケアに必死になるけれど、それよりもまずは、軽やかに捨てられる肌にならなくちゃ。

　捨てられる肌を作ることは、新しい肌が生まれる巡りを作ること。そして、ストレスを溜め込まない肌でい続けること……。これからの肌に大人の美しさを宿すためには、「素肌を澄ます」ことが、何より大切なのではないでしょうか。

おわりに

「おばさんとお姉さんの境界線は、腹筋にあり」。
　そんな奇天烈なことを言い出した友人がいました。無意識のうちに腹筋の力を入れているのが、お姉さん。無意識のうちに腹筋の力を抜いているのが、おばさん。お腹を凹ませていたいという無意識と、お腹が出ていても構わないという無意識と。無意識のベクトルがその差だと言うのです。ちなみに、気心知れた同世代が集まったその日の話題は、「なぜ、女は歳を取ると図図しくなりがちなのか？」。その会話の中で飛び出した言葉でした。次第に気にしなくなる、いつしか気にならなくなる、だから図図しくなる……。そして、結論。
「無意識のうちに自分を律している『お姉さんマインド』で毎日を生きられたら、きっと、一生美しい女性でいられるよね」
　この一冊は、さまざまな女性誌で「美しさって？」というテーマをいただき、そのたび自分に言い聞かせるように見つけてきた「答え」をまとめたものです。

ひとつひとつは、そのときの気持ちを正直に綴ったもの。でもこうしてまとめてみると、すべてが、年齢とともに気にしなくなる、気にならなくなる自分にお姉さんマインドを奮い立たせる「説教」だったと気づかされます。「億劫」や「面倒」に身を任せないよう自分を律し、大切な人たちとの絆を何より大切に気持ちよく生きていきたい。そんな美しさの「軸」を見失わないための「覚え書き」だったのかもしれません。もし、この覚え書きがひとりでも多くの女性にとって気づきの機会になればと、願ってやみません。

　鋭い視点と揺るぎない包容力で、私にこのようなチャンスを与えてくださった編集者の藤本容子さんに、心から感謝申し上げます。そして、毎回刺激的かつ本質的なテーマを与えてくださった敏腕編集者の方々に、心からお礼を申し上げたいと思います。そしてこの本を手にしてくださったすべての皆様へ。ありがとうございました。いつかどこかでお目にかかれますように。

2018年8月

松本千登世

松本千登世
Chitose Matsumoto

1964年生まれ。美容ジャーナリスト、エディター。航空会社の客室乗務員、広告代理店勤務、出版社勤務を経てフリーランスに。女優、モデル、美容研究家、ヘア&メイクアップアーティストなどへの取材で得た知識、審美眼をとおして語られるエッセイに定評があり、多くの女性誌で連載・企画を担当する。美しく年を重ねる上で女性として、人として大切なエッセンスをすくい上げる名手で、幅広い年齢層のファンをもつ。著書に『ハイヒールは女の筋トレ 美の基礎代謝をあげる82の小さな秘密』『結局、丁寧な暮らしが美人をつくる。今日も「綺麗」を、ひとつ。』(ともに講談社)など。

本書は下記ブランドHP、女性誌で掲載されたものを大幅に加筆、
修正、また新規に書き下ろしたものです。

「おとなスタイル」(講談社) … p30-33('18年秋号)、p48-51('17年冬号)、
p90-91('16年冬号)、p152-153('17年秋号)
「ROPE」… p36-46、p62-64、p66-68、p72-74、p114-117、p126-127
「FIGARO japon」… p12/162-163('17年3月号)、p26-27('17年10月号)、
p94-95('17年5月号)、p150-151('18年4月号)、p154-161('18年1月号)
「Marisol」(集英社) … p14('15年4月号)、p16-19('15年4月号)、
p20-25/p34-35/p70-71('17年8月号)、p52-59('12年4月号)、
p82-83('17年4月号)、p84-85('16年2月号)
「My Age／Our Age」(集英社) … p108-111、p128-135、p136-146
「MAQUIA ONLINE」(集英社) … p28-29
「GLOW」(宝島社) … p102-103('11年5月号)、p104-105('14年9月号)、
p122-123('11年3月号)、p168-169('11年1月号)
「DRESS」… p60-61/p65/p69/p75-80/p96-99/p112/p121/p124-125/p164-167('15年11月号)、
p86-88('14年2月号)、p89('16年5月号)、p100-101('15年4月号)、p106-107('14年12月号)、
p118-120('14年3月号)、p148-149/p170-171('14年1月号)

もう一度大人磨き
綺麗を開く毎日のレッスン76

2018年9月10日　第1刷発行

著　者	松本千登世
発行者	渡瀬昌彦
	株式会社 講談社
	〒112-8001　東京都文京区音羽2-12-21
	TEL 03-5395-3606（販売）
	TEL 03-5395-3615（業務）
編　集	株式会社講談社エディトリアル
	代表　堺 公江
	〒112-0013　東京都文京区音羽1-17-18 護国寺SIAビル6F
	TEL03-5395-2171
印刷所	大日本印刷株式会社
製本所	株式会社国宝社
装　幀	堀 康太郎（horitz）
装　画	永宮陽子

定価はカバーに表記してあります。
本書のコピー、スキャン、デジタル化などの無断複製は著作権上での例外を除き禁じられています。
本書を代行業者などの第三者に依頼してスキャンやデジタル化することは、
たとえ個人や家庭内での利用でも著作権法違反です。
落丁本・乱丁本は、購入書店名を明記のうえ、小社業務部宛てにお送りください。
送料小社負担にてお取替えいたします。
この本の内容についてのお問い合わせは、講談社エディトリアルまでお願いします。

©Chitose Matsumoto 2018, Printed in Japan
ISBN978-4-06-513254-8